喫茶店と日本人

喫茶店の変遷と、その魅力。
そこからわかる喫茶店・カフェを
続ける経営の要点

経営コンサルタント
赤土亮二

旭屋出版

「喫茶店と日本人」の4つの「なぜ」

最近、ウエブの記事や雑誌で「喫茶店」という言葉がよく目につく。平成から新しい元号に変わることが決まってから、より目につくようになったように思う。それらの記事に共通するのは、「昭和レトロな」とか「懐かしい」というテーマがあることである。平成生まれの若者たちに、「昭和の遺産」とも言えるほど長く営業している喫茶店を訪れることを楽しんでいる人が多いのだろうか。あるいは、40代後半以上の人たちには、喫茶店は若い時代に通った思い出の店として映り、高齢化社会ゆえに、喫茶店を懐かしむ人が増えているのだろうか。

ただ、喫茶店には不思議なことがいくつかある。まず、そもそも、喫茶店とは、どういう店のことか。カフェを日本語にしたと思っている方も多い。でも、日本の喫茶店のような飲食店は、ヨーロッパにもアメリカにもない。また、喫茶店が急増した、昭和の高度成長期（昭和30年代中頃から後半にかけて）には、ジャズ喫茶、名曲喫茶、らくがき喫茶、テレフォン喫茶などなど、独創的な喫茶店の数々が日本中に誕生した。もともとは、西洋のカフェを模倣して開業されたのだろうが、なぜ、日本人は日本独自の多彩な喫茶店を生み出したのだろうか。

また、喫茶店は、カフェの他にいろいろな呼び方もされる。コーヒーショップ、コーヒー店、珈琲専門店。看板に、喫茶レストラン、喫茶&レストランと出している店もある。新しいところでは、コーヒースタンド、エスプレッソバーなどを表示している店もある。それぞれ、違いがある。なので、「喫茶店とは、どんな店のことですか?」と質問をすると、その答えは世代によってまちまちだし、人によっても違うことが多いのである。他の飲食店で、こんなに人によってイメージの違いのある業種はない。なぜ、日本人には喫茶店の幅広いイメージがあるのだろうか。

なぜ、常に喫茶店開業希望者は多い?

3つ目の「喫茶店と日本人」の「なぜ」は、若い人にも年配の人にも喫茶店が長く親しまれ続けてきたのは、なぜだろうかということだ。

そして、4つ目の「なぜ」は、喫茶店を開業したいという人が、なぜ、後を絶たないかということである。飲食店を開業したいという人の中で、「喫茶店、カフェを開きたい」という人は、今も一番多いのは事実である。昭和の時代も平成の時代も、脱サラ、脱

ＯＬをして開業したい店のトップは、喫茶店・カフェだ。次の時代も同じだろう。こういう国は、日本の他にないと思う。

こうした背景もあり、私は50年以上、喫茶店の開業と経営のコンサルタントを続けてこれたわけでもある。

検索してもらえればわかるが、私には、これまで飲食店の経営や開業、喫茶の経営やメニュー開発に関する著書が60冊以上ある。喫茶店の、時代に即した開業法や経営法を著述してきたら、60冊以上になったのだが、近年、喫茶店のことが再注目されるにつれ、この４つの「なぜ」を若い世代にも理解してほしいと感じるようになったのである。それが今回の「喫茶店と日本人」というタイトルになった理由でもある。

私が昭和20年代から見て、経験してきた喫茶店の様々なスタイルを解説する中に、４つの「なぜ」の答えもあるだろう。もちろん、喫茶店の文化的な側面だけでなく、経営コンサルタントを50年続けてきた私ならではの視点、喫茶店という商売の経営的な特徴、喫茶店の経営法の変遷をまじえて進めていきたいと思う。

日本の喫茶店史・年表

西暦			世相	コーヒー一杯の値段	タクシーの初乗り運賃	大学卒初任給
1874	明治7	・神戸元町の「放香堂」（日本で最初の珈琲を輸入した店）		5厘～1銭		
1875	明治8	・日本人名で初のコーヒー製造・販売の広告が出る				
1877	明治10	・浅草寺境内に開設した「油絵茶屋」（油絵を見る茶屋でコーヒーが振る舞われた）				
1886	明治19	・東京・日本橋の「洗愁亭」		3銭		

西暦			世相	コーヒー一杯の値段	タクシーの初乗り運賃	大学卒初任給
1888	明治21	・東京・下谷黒門町に「可否茶館」開店（本格的な喫茶店でビリヤード、碁、将棋、洋書、洋新聞を配備） ・凮月堂より、アイスクリーム、アイスキャンデーが売り出される		1銭5厘		
1889	明治22	・東京・浅草パノラマ館に「ダイヤモンド珈琲店」開店（浅草の内国勧業博覧会会場にコーヒー店開設、その一つがダイヤモンド珈琲店）				
1893	明治26	・麻布凮月堂が喫茶店「夏見世」を開店				
1894	明治27		・この頃、洋食店ができる。家庭で、カレーライス急激に普及する			

1899	明治32	・加藤博士、インスタントコーヒーを発明する	・日本麦酒（株）が、「恵比須ビヤホール」を銀座8丁目開店 ・愛知県の蟹江源吉、トマトソースの製造を開始する	2銭		35円
1901	明治34	・東京・神田、早稲田など学生街にミルクホール出現				
1902	明治35	・資生堂パーラーの前身「ソーダファウンテン」が創設される。ソーダ水1杯、25銭				
1906	明治39	・台湾喫茶店「ウーロン」銀座に開店	・蟹江一太郎、トマトケチャップの製造を開始			

西暦			世相	コーヒー一杯の値段	タクシーの初乗り運賃	大学卒初任給
1907	明治40	・三越呉服店が開店した食堂でコーヒー提供 ・赤玉ポートワインが売り出される ・東京・日本橋にカフェ「メーゾン・鴻の巣」が開店 ・大阪に「カフェ・キサラギ」開店。（明治43年説もある）	・三越呉服店が食堂を開設	3銭		
1908	明治41		・水野竜、ブラジル政府とコーヒー輸入契約を結ぶ			
1910	明治43	・現在の喫茶店の原型とされる「不二家」横浜店開店		3〜4銭		40円
1911	明治44	・東京・京橋日吉町に「カフェー・プランタン」開店（日本初の会員制でカフェ知識階級のサロン維持会員を募集）				

1911	明治44	・銀座に「カフェー・ライオン」開店（精養軒の経営）（日本初のメイド喫茶で洋食、洋酒を中心、美人女給のサービス）				
1912	大正元	・東京・銀座に「カフェー・パウリスタ」開店（現在の喫茶に近いタイプ、日本初の庶民喫茶店、チェーン店舗型喫茶店）				
1913	大正2	・銀座千疋屋、フルーツパーラーを開店	・発酵乳、ヨーグルトの名で一般化する			
1914	大正3	・不二家、喫茶室に「ソーダファウンテン」の名称をつける				
1916	大正5		・愛知県の朝家万太郎、マーマレードの製造を始める	5銭		40円

西暦			世相	コーヒー一杯の値段	タクシーの初乗り運賃	大学卒初任給
1917	大正6		・旭電化、日本油脂、人造バターを新発売			
1919	大正8	・「醍醐味」をカルピスに改称し、初恋の味のキャッチフレーズで売り出す ・明治屋、コカ・コーラを輸入発売 ・森永、初めて国産のミルクココアを発売 ・「平民パン食堂」開店				
1922	大正11	・この頃より「喫茶店」という名称が一般化	・1粒300メートルのグリコ発売 ・銀座にダンスホールが開店 ・ブラジル政府、コーヒーをPR ・東京会館が、オープンする	10銭		
1923	大正12	・喫茶店の出店が増える	・関東大震災発生 ・不二家、銀座店開店 ・ジャワコーヒー、輸入量トップに ・ホットケーキ、「ハットケーキ」の名で、デパートの食堂などで売り出される			50～70円

1925	大正14	・震災からの復興に伴い、喫茶店、カフェー急増	・女給と酒が中心の「カフェー」、酒をおかない「喫茶店」、昼夜で営業内容を変える「特殊喫茶店」生まれる			
1926	大正15	・女給型喫茶店「カフェー」全盛（業態の2極分化で飲食を提供しつつ女給のサービスを主体にした店）	・サイパン島で、法人企業が、コーヒーの栽培を開始			
1929	昭和4	・〈カフェー〉〈バー〉等取締要項が発布（取り締要項が制定で風紀を乱すということで規制の対象になった（現風営法の基））	・国産ウイスキー第1号が寿屋から発売される			70円
1930	昭和5	・東京にカフェ、約7,000軒 ・エロサービスを売り物にする店が増える ・大阪系カフェ「日輪」京橋に進出			50銭	
1933	昭和8	・特殊飲食店取締規則が発布（女給型喫茶型は規制対象になった。その他は純喫茶や喫茶店と呼ばれるになった）				

西暦		世相		コーヒー一杯の値段	タクシーの初乗り運賃	大学卒初任給
1935	昭和10	•女給がいる「カフェー」激減し「喫茶店」が流行する（喫茶店は東京だけでも10,000店舗を数え、地域の特性を育み多様化する）•ブラジルコーヒー、輸入量でトップに •サロンムードの喫茶店大ブーム		15銭		
1936	昭和11	•アートコーヒー、直営店を京橋に開店 •この頃、喫茶店の軒数は、東京だけで約15,000店うち純喫茶は、3,000店				
1937	昭和12	•不二家、エレベーター付の味のデパートを横浜・伊勢佐木町に開店 •ニッカウヰスキーが発売される •コーヒー輸入量が、8,571トンを記録する。戦前ピークを迎える •コックドールフーズの前身、お汁粉店「月ヶ瀬」が開店。				70円
1938	昭和13	•国家総動員法施行によりコーヒーの輸入制限（戦時体制が敷かれるようになるとコーヒーは贅沢品に指定され輸入制限を受ける）•当局の喫茶店取締りが強化される。	•コーヒーの輸入規制始まる •この頃、東京・銀座にホットドッグの立ち喰い屋台店があらわれる			

1939	昭和14	・第二次世界大戦で完全にコーヒー輸入が禁止	・米穀配給統制法公布される ・大豆、小麦、チコリなどを用いた代用コーヒーが出回り始める ・コーヒーに対する物品課税10％ ・コーヒーの供給源を断たれた喫茶店は次々と閉店、コーヒーに物品税、代用コーヒー出回る			
1940	昭和15	・苦難の喫茶店（大豆や百合根を原料とした代用コーヒーを用いて細々と経営を続ける店）	・東京府が、食堂・料理店の米食使用禁止 ・野菜の公定価格販売が始まる ・米、味噌、醤油、塩、砂糖など10品目に切符制採用を決定			80円
1941	昭和16	・太平洋戦争開戦。「代用珈琲統制要網」公示	・六大都市で米穀配給通帳制、外食券制度を実施する ・東京で、砂糖、小麦粉、食用油の集成配給切符制を実施する ・コーヒーの物品課税率20％に引き上げる ・喫茶店から別の業種へ転向し成功した代表的な店（千疋屋、ウエスト、コロンバン、中村屋）		70銭	70〜75円
1942	昭和17	・コーヒーの輸入量ゼロになる ・「価格等統制令」に基づき、コーヒーの統制価格設定	・戦時体制強化 ・月月火水木金金（休みは無いの意）・欲しがりません勝つまでは		80銭	

西暦			世相	コーヒー一杯の値段	タクシーの初乗り運賃	大学卒初任給
1943	昭和18	・喫茶店は喫茶としての営業がほとんど不可	・コーヒーの物品課税率30％と引き上げられる ・この頃、企業整備により、飲食店激減。			
1944	昭和19	・コーヒーの代わりに喫茶店では昆布茶など提供	・東京空襲で焼け野原 ・東京で飲食店閉鎖令 ・玄米の粥に野菜、魚肉などの入った雑炊を自由販売する雑炊食堂が現れる ・家庭用の砂糖の配給を停止			
1945	昭和20	・太平洋戦争終結 ・進駐軍の払い下げコーヒー出回る ・コーヒー豆不足は、5年後の輸入再開まで続く。 ・一部の隠退蔵のコーヒー、進駐軍の払い下げコーヒーなどを使用	・マッカーサー厚木着 ・進駐軍 ・食料難 ・野菜・魚類の公定価格廃止で市場のセリ売り、5年ぶりに復活する ・「エビスビアホール」が占領軍用の「銀座ビアホール」として開店 ・進駐軍専用ダンスホールオアシスオブ銀座（松坂屋地下） ・ギブミー・チョコがキーワード	5円	100円	80円

1946	昭和21	・料理店営業取締規則施行 ・喫茶店は喫茶としての営業がほとんど不可	・預金引出し制限			
1947	昭和22	・この頃から喫茶の戦後の復活が始まる ・食品衛生法施行 ・横浜駅前にファストフードタイプのドライブイン開店	・ベビーブーム ・6・3・3制スタート ・ストリップ誕生 ・日本ダービー復活			220円
1948	昭和23	・喫茶の復活が活発化 ・全国清涼飲料工業組合連合会、設立 ・当時のコーヒーは米軍放出品	・日本洋酒協会設立 ・風俗営業取締法公布 ・飲食店営業臨時規制法の公布	20円		
1949	昭和24	・飲食店営業再開 ・ビアーホール復活	・湯川秀樹ノーベル物理学 ・1ドル360円 ・酒類が自由販売になる ・ビヤホール復活 ・9年ぶりに野菜の統制が撤廃される ・東海道線に列車食堂が復活			
1950	昭和25	・この頃、民謡酒場や歌声喫茶ができる ・コーヒーの輸入再開、喫茶完全復活	・味噌、醤油、自由販売となる ・トリス発売 ・朝鮮特需景気 ・1,000円札発行	30円		3,000円

西暦			世相	コーヒー一杯の値段	タクシーの初乗り運賃	大学卒初任給
1951	昭和26	・「不二家」銀座店でソフトクリーム発売 ・お好み焼き大流行 ・音楽系喫茶「銀巴里」開店	・投資景気 ・パチンコ大流行 ・木・炭タクシー廃止 ・朝鮮戦争勃発			
1952	昭和27	・トリスバー大流行 ・飲食店数12万6,612店、年間売上高102億円4,812万円（第一回商業統計調査）	・「君の名」は放送開始 ・麦の統制撤廃		80円	
1953	昭和28	・名曲喫茶や歌声喫茶の隆盛 ・大阪第一生命ビル屋上に、初の本格的屋上ビアガーデン（ニュートーキョー）	・テレビ放送開始4時間／日 ・1973年にかけて高度経済成長 ・赤電話登場 ・伊東絹子ミスユニバース3位			
1955	昭和30	・「ジローレストランシステム」の発祥である、喫茶店「ジロー」がお茶の水に開店 ・深夜喫茶が、この頃に増える ・この頃から、電話喫茶があらわれる ・この前後に、音楽喫茶やジャズ喫茶の大流行 ・歌声喫茶「灯」、「カチューシャ」開店	・電気洗濯機普及 ・太陽の季節（石原慎太郎） ・トヨタクラウン発表 ・電気釜発売 ・トランジスター・ラジオ発売	50円	80円	

1955	昭和30	・全日本バーテンバー協会、設立	・マンボ流行 ・慎太郎刈(髪型)流行 ・ポニーテール(髪型)流行			
1956	昭和31	・深夜喫茶取締都条例が可決される ・アートコーヒー、商標登録のもとに、コーヒー教室を開く ・この頃、エスプレッソコーヒーをコーヒーマシンで出す店があらわれる ・コーラの原液輸入許可がおりる ・エロチシズムを売り物にした喫茶店が、はやる。(20年代後半より) ・養老の瀧1号店横浜	・石原裕次郎太陽の季節でデビュー(脇役) ・売春禁止法成立			5,600円
1957	昭和32	・ジャズ&ロック喫茶「ACB」開店	・岩戸景気 ・スーパーダイエー開業 ・5,000円札発行			
1958	昭和33	・ジャズ喫茶最盛期	・1万円札発行 ・パートタイム流行 ・日劇ウエスタンカーニバル ・調理師法施行			1.5万円

西暦			世相	コーヒー一杯の値段	タクシーの初乗り運賃	大学卒初任給
1958	昭和33		・赤線、青線廃止 ・カミナリ族 ・児島明子ミスユニバースに ・東京タワー ・ロカビリーブーム ・フラフープ			
1959	昭和34	・この頃、マジック喫茶やマンガ喫茶など、コーヒー以外の売り物にするアイデア喫茶が増えてくる。	・缶ビール ・皇太子御成婚			
1960	昭和35	・個人経営の喫茶が主流「店主のこだわり」が人気	・有線放送普及しはじめる ・森永インスタントコーヒー発売	60円		1.6万円
1961	昭和36	・ジャズ喫茶・歌声喫茶隆盛 ・コーラの輸入自由化で市販広まる	・クリープのヒット ・タイトスカート、プリーツスカート流行			

1962	昭和37	・池袋「西武百貨店」にキャフェテリア登場。	・ボーリングブーム ・オリンピック景気 ・ツイスト流行			1.9万円
1964	昭和39	・「喫茶室ルノアール」1号店が日本に開店	・東京オリンピック ・みゆき族銀座出現 ・風俗営業取締法改正 ・この頃、ドライブインブーム		100円	
1965	昭和40	・「珈琲館シャノアール」1号店開店	・いざなぎ景気 ・第1回赤字国債発行 ・ビートルズ武道館 ・ミニスカ流行 ・人口1億突破	80円		
1966	昭和41	・日本の高級喫茶のはしり「談話室滝沢」が開店 ・この頃、マンモスバーが流行	・サッポロ一番、明星チャルメラ、柿ピーがヒット			2.65万円

西暦			世相	コーヒー一杯の値段	タクシーの初乗り運賃	大学卒初任給
1966	昭和41	・自動車の普及でドライブイン形式の飲食店出現	・郊外レストランが増える。(43～44年にブーム)・この頃、マンモスバーが大流行・預金引出し制限			
1967	昭和42	・ゴーゴー喫茶・アングラ酒場	・フーテン族・成田空港測量開始・サイケデリック流行・郵便番号制スタート			2.85万円
1968	昭和43	・喫茶業界も軽食に力を入れ始める(ファミリーレストランの成長により喫茶業界も軽食に力を入れスナック形式への移行が始まる)	・GNP自由世界第2位に・大型消費時代に入る			
1969	昭和44	・フォーク喫茶が、はやる	・パンタロン流行・アポロ11月面着陸	100円		

1970	昭和45	・すかいらーく1号店・珈琲館1号店 ・コロラド1号店 ・珈琲専門店ブーム・漫画喫茶1号店（名古屋） ・ケンタッキーフライドチキンスタート・UFOゲーム喫茶が開店	・大阪万博 ・男性の長髪流行	120円	130円	3.9万円
1971	昭和46	・ロイヤルホスト1号店 ・ダンキンドーナツ1号店 ・専門店志向喫茶店 ・マクドナルド1号店 ・ミスタードーナツ1号店	・列島改造景気・円は変動相場制 ・浅間山荘事件 ・ホットパンツ流行 ・高級志向・専門店志向の喫茶店と、薄利多売の喫茶店との二極化が始まる ・田中角栄日本列島改造論			

西暦			世相	コーヒー一杯の値段	タクシーの初乗り運賃	大学卒初任給
1972	昭和47	・コーヒー専門店ブーム ・モスバーガー1号・ロッテリア1号店	・ホットパンツ流行 ・ミモレ丈スカート流行		170円	
1973	昭和48	・村さ来1号店 ・ピザハット出店 ・シェーキーズが出店	・スダクフレーション発生 ・第1次オイルショック 円変動相場			
1974	昭和49	・デニーズ1号店・セブンイレブン1号店	・巨人軍の長島現役引退		220円	
1975	昭和50	・(株)コメダ珈琲店設立	・薬草アロエの栽培、料理法、飲み方が話題になる・健康飲料、紅茶キノコブームがおこる・円高景気・家庭用カセットVTRの第1号機(ソニー)	220〜250円	280円	8.5万円

1976	昭和51	・喫茶店軒数増加 ・弁当ほっかほっか亭1号店	・ロッキード事件 ・宅急便（クロネコヤマト）スタート ・日清焼そばUFO ・日清のどん兵衛きつね		280円	8.9万円
1977	昭和52	・喫茶店競合戦争時代	・王選手がホームラン世界記録756号を達成・王貞治が国民栄誉賞第1号受賞 ・平均寿命世界一になる（男72.69歳　女77.95歳） ・カラオケ、テレビゲームブーム	280円	330円	
1978	昭和53	・ゲーム喫茶の流行 ・ノーパン喫茶が京都西賀茂で発祥	・スペースインベーダー・ゲームが大流行			
1979	昭和54		・2次オイルショック ・NYファッション人気		380円	

西暦			世相	コーヒー一杯の値段	タクシーの初乗り運賃	大学卒初任給
1980	昭和55	・東京・原宿に「ドトールコーヒー・ショップ」開店（「ドトールコーヒー・ショップ」は１５０円の立ち飲みコーヒーと挽き売り豆を中心にチェーン展開）		２８０円	３８０円	10.3万円
1981	昭和56	・コーヒー専門店「カフェ・コロラド」横浜1号店（フルサービスのコーヒー専門店としてフランチャイズ展開） ・喫茶店の店数ピーク（16万店） ・月刊喫茶&スナック創刊（旭屋出版） ・「ノーパン喫茶」が東京で大ブーム ・Afternoon Tea」渋谷パルコ3に開店 ・カフェバー・ブーム始まる（Red Shoes、チャールストンカフェ、OLD/NEW、サムタイムなどスタイリッシュな空間と、昼間から深夜までカクテル&食事）	・豆乳など、健康食品への関心が高まり始める			
1982	昭和57	・喫茶系の飲食店開業希望者は増え続ける	・ポスト・イット・『かわいい』が流行語			11.6万円

1983	昭和58	•カフェバー「キーウエストクラブ」はやる •カフェバーブーム	•ハイテク景気 •ミネラルウォーターに人気			
1984	昭和59	•アートコーヒーが、24時間の喫茶店「ル・ガドー」を出店	•日本が世界一の長寿国になる •ハーゲンダッツがヒット •ハーブの人気			
1985	昭和60		•バイオテクノロジー応用の新野菜が登場 •ドミノピザが、宅配ピザの営業を開始 •1ドル240↓120円に輸出産業大打撃	300円	470円	12・7万円
1986	昭和61	•「カフェ・ベローチェ」1号店開店	•朝シャン（朝シャンプーする） •写ルンです・ドラゴンクエスト			

西暦			世相	コーヒー一杯の値段	タクシーの初乗り運賃	大学卒初任給
1987	昭和62	・炭火焙煎、ネルドリップが注目を集める ・バブル景気突入、一方、喫茶店業界は伸び悩む	・エスニック料理のブームが起こる ・バブル景気突入			
1988	昭和63	・セルフ・カフェ急速増加	・カラオケボックス流行			
1989	平成1	・フランスカフェの黄金期	・消費税導入 ・渋谷Bunkamuraにパリの老舗カフェ海外業務提携1号店「ドゥ マゴ パリ」が開店 ・消費税3％導入			
1990	平成2	・古民家カフェがブーム	・成田離婚 ・アッシー君（何時でも車で送迎してくれる男子） ・メッシー君（いつでもご飯をおごってくれる男子）	380円	520円	16.1万円

1991	平成3		・ジュリアナ東京開店　・バブル崩壊 暗黒の10年スタート			
1992	平成4		・カラーヘアー流行　・大卒就職難			
1993	平成5		・皇太子・雅子さまと御結婚			17・4万円
1994	平成6	・オープンカフェ流行	・松本サリン事件（オーム真理教） ・すりおろしりんご			

西暦			世相	コーヒー一杯の値段	タクシーの初乗り運賃	大学卒初任給
1995	平成7	・インターネット・カフェ流行	・地下鉄サリン事件	440円	650円	19.42万円
1996	平成8	・スターバックス・コーヒー時代始まる。東京・銀座に1号店が開店(エスプレッソ中心の外資系シアトルカフェのチェーン展開。お洒落な店内、店内禁煙、メニューが人気を呼んだ)				
1997	平成9	・漫画喫茶が増え始める ・タリーズコーヒー1号店が銀座に開店	・消費税5%に ・アサヒスーパードライ			
1998	平成10		・ネイルアートブーム ・キリン淡麗生			

1999	平成11	・エクセルシオール・カフェ1号店が港区芝浦の開店（ドトールコーヒーが日本生まれのイタリアンエスプレッソコーヒー、カフェのチェーン展開） ・スターバックス・コーヒーが「キャラメルマキアート」発売	・ＩＴバブル期			
2000	平成12	・東京でカフェ・ブーム（従来のカフェとは異なる独自のスタイルを持ち、個人オーナーがそれらを独自の美意識で解釈・編集し和のテーストを加えるなどして自分流に表現したもの。チェーン店もメニューの充実や客が自由に選べるトッピングの多様化進む）				19.69万円
2001	平成13	・秋葉原でメイド喫茶「Cure Maid Cafe」開店 ・スターバックス・コーヒーが「フラペチーノ」発売	・ＳＵＩca ・缶チューハイ			

西暦			世相	コーヒー一杯の値段	タクシーの初乗り運賃	大学卒初任給
2002	平成14		・歩きタバコ禁止条例 ・アミノサプリのヒット			
2003	平成15	・カフェ・ミヤマ1号店が東京・新宿南口に開店	・オレオレ詐欺多発 ・ヘルシア緑茶			
2003	平成15	・スターバックス・コーヒーが日本初のドライブスルー店展開(茨城県守山市のショッピングセンター西友楽市に4月に開店)				
2004	平成16	・ドッグカフェ、キャットカフェ増大		440円	650円	19.83万円

2005	平成17		・愛知万博 ・キリンのどごし生 ・日本の人口減少はじまる ・立ち飲みブーム	480円		
2006	平成18		・65歳以上の人口率が世界最高に ・生キャラメル(花畑牧場) ・もつ鍋			
2007	平成19	・メガマックのヒット	・食品偽装問題			19.88万円
2008	平成20		・リーマンショック ・だて眼鏡がブーム			

西暦			世相	コーヒー一杯の値段	タクシーの初乗り運賃	大学卒初任給
2009	平成21		・裁判員制度開始　・キリン フリー ・ハイボール			
2010	平成22		・女子会流行　・食べるラー油ブーム			
2011	平成23	・サードウェーブカフェ	・東日本大震災 ・カップヌードルゴハン　・ソウルマッコリー　・ココアドール白ココア		710円	
2012	平成24		・東京スカイツリー　・塩麺のブーム ・生レバー食規制			

2013	平成25	・スターバックス・コーヒー国内1,000店に ・キーコーヒーが銀座ルノアールとの提携で「昭和系喫茶店の復権」を狙う	・パンケーキブーム ・熟成肉の人気			20.02万円
2014	平成26	・コメダ珈琲店国内600店に ・喫茶業界の衰退が数字にあらわれる ・井崎英典さんがバリスタ世界チャンピオンに	・本格コンビニカフェ ・マイナンバー・スタート ・訪日外国人増大			
2015	平成27	・江東区清澄白河に「ブルーボトル・コーヒー」2月開店（アメリカのカリフォルニアに本社を構えるコーヒー生産販売企業Blue Bottle Coffee Companyの国外初店舗）	・「ちょい飲み」ブーム	500円	730円	
2016	平成28		・18歳選挙権 ・「フォトジェニック」流行語に			

西暦		世相		コーヒー一杯の値段	タクシーの初乗り運賃	大学卒初任給
2017	平成29		・レモンサワーブーム ・低糖質メニューに注目			
2018	平成30	・コメダコーヒー店国内800店に	・酷暑続く ・プラスチックストローが問題に			

参考文献

月刊喫茶&スナック1981年8月号、1989年10月号（旭屋出版刊） 新人物往来社刊「食の百科事典」、小学館刊「昭和世相史」、明日香出版社刊「喫茶店を経営して40年」、読売新聞社刊「コーヒーの本」、時事通信社刊「コーヒー専科」、教養文庫刊「コーヒー入門」、トリーム出版刊「珈琲ものがたり」、サンケイ新聞社刊「大きく翔べ」、「珈琲遍歴」（旭屋出版刊）、値段史年表（朝日新聞）、風俗史（朝日新聞）

図表 索引

喫茶店と日本人 目次

第一章 喫茶店経営は不滅

第二章

昭和初期までの喫茶店……67

第三章 喫茶店の絢爛期 昭和30年～39年……97

第四章

喫茶店の隆盛期 昭和40年〜50年

第六章 喫茶店混迷期

第七章 喫茶店受難期

第八章 見直される喫茶店

第九章

高齢化社会と喫茶店……203

第十章 開業の参考資料……217

第一章

喫茶店経営は不滅

生活の中に不可欠な喫茶店の役割と、
いつの時代も多い喫茶店開業希望者。

開業志望者が、いつの時代も多い業種

現在、カフェを開業したい、このように考えている人は非常に多い。それは、私の半世紀を超えるコンサルティング活動に於いても立証されている。しかもカフエ開業志望者は不況だからといって、さして減少していないのである。バブル経済がはじけた時（1990年代の初頭）、さすがにカフェ開業希望者は減少するかと思ったのだが、多少影響はあったものの、希望者はかなりいたのである。このことは、カフェという呼び方より喫茶店という呼び方が主流だった昭和30年代～50年代も変わらないのである。

近年はさらに、他業界からもカフェ経営に参入したいと考えている企業、小売業がかなりの数にのぼる。例えば、コンビニエンスストアのコーヒー販売などはその代表格だといっていい。しかも、コンビニのコーヒーの売上げ杯数は、セルフ・カフェのテイクアウトの売上げを脅かしている。

さて、カフェの経営環境だが、これは以前と同じという訳にはいかない。それは開業軒数も多いのだが、撤退していく軒数も多いところに現われている。したがって、これからのカフェ開業は、

①より充実したプランニング
②より充実した経営管理
　が必要になる。さて、個人で開業する希望者の中には、
カフェぐらいならできるだろう
カフェぐらいしかできないだろう
　といってカフェ開業を選択する人も少なくない。これはカフェ経営を舐めてかかった考え方である。また女性に多いのが、
①カフェが好きだから
②カフェ経営が夢だったから
　といったことで参入してくる人もいる。だが、好きならうまくいくということにはならないし、夢があればうまくいく訳でもない。

　OLが長年の夢を叶えて、カフェを開業といった記事が雑誌等でよく出る。でも開業したことは記事になっても、失敗して撤退したことは記事にはならないということも認識しなくてはならない。

　また、カフェなら調理の技術的にも容易だし、重労働にもならないし、といったことが

スタートという人もいる。しかし、これもカフェを舐めてかかった言葉だ。客を納得させるためには、それなりの技術がいるし、トレーニングもいる。また確かに力仕事ではないが、店では8時間くらいは立ち仕事である。これがどれだけ大変なことかは、開業してみればすぐに分かることだ。しかも、業態によっては厨房内はかなり暑い。これにも耐えなくてはならない。

さて、これからのカフェ経営は、競合戦争に勝っていかなくてはならない。したがって、舐めてかかった考え方では経営はうまくいかない。しっかりとした考え方を基本にして、しっかりとしたプランニングを立てていくことに当たることが重要である。かつて競合が少なかった時代には、プランニングなど不要だったのだが、現代にはそんな考えは通用しない。現代はプランニングの優劣が成功の鍵を握っているといっても過言ではないのである。

そして、プランニングだが、これは現在の傾向を踏まえながら行なわなくてはならないが、その参考にすべきものに、過去の経営もある。実は過去の経営にはかなり参考になるものが多くあるのだ。

この書は、そのヒントになることとして、過去半世紀の喫茶店経営、カフェ経営を振り返るものである。したがって、この書を熟読すれば、プランニングのヒントになるものが、数多く出てくるはずである。

なぜ、過去の経営手法がヒントになるのか

この答えは簡単で、物事には**『振り子現象』**というものがあるからである。つまり流行というのは何十年かの時間をおいて戻って来るということなのである。これが、**昔帰り現象**である。例えば、女性のファッションにしても、ミニスカートが流行し、それがすたれ、ミモレ丈（ひざ下丈）が流行る。そしてマキシ丈（ロング丈）に移行する。しばらくすると、廃れたはずのミニスカートが流行るといった具合だ。カフェでも同じことが起きている。軽食で昭和50年代に大ヒットしたのが、

①スパゲッティ・ナポリタン

②スパゲッティ・ミートソース

である。この当時のスパゲッティは、アルデンテではなく、完全に茹でたもので、当時アルデンテのものなど出そうものなら客からクレームの嵐になったのである。その完全に茹でたスパゲッティの粗熱を取り、サラダオイルをまぶし冷蔵庫で保存し、これをサラダオイルを敷いたフライパンで再加熱して、ケチャップで和えたのがナポリタンで、挽肉で作っ

たミートソースをかけたのが、ミートソースである。そして、これが大ヒットしたのである。ヒットは長きに渡ったが、この定番スパゲッティはいつの間にか姿を消していった。その理由は海外旅行等の普及で、本場のスパゲッティの食べる機会が増えたのが要因の一つである。調理法も、茹で置きではなく、茹であげに変化していった。確かに茹で置き再加熱のものとは違うグレードの高さがあったことは事実である。

だが、平成25年（２０１３年）頃から、またナポリタンの人気が復活し火がついたのである。いまナポリタンを支持しているのは、かつてのナポリタンを知らない年代の人達で、これが斬新に映ったのと、ナポリタンに郷愁にも似たものを持つ中高年代の人達がこれを支持したのである。

まさに**振り子現象**以外、そして**昔帰り現象**以外のなにものでもない。ただ、かつてのナポリタンより具材等で、または味付け等でグレードは上がっての昔帰りで、注意しなくてはならないのは、そのままで昔帰りして来る訳ではないということである。パンケーキ（ホットケーキ）も復活して大人気になっていたが、ホットケーキ液にはメレンゲが混入され、フワフワ度が増しているし、ホットケーキのシロップも、メープルシロップ一辺倒ではなく、色々なシロップが使われているし、果実を飾りゴージャスさが増している。

開業プランニングにおいて、メニュー構成においても、この振り子現象は大いにヒントになるはずである。

カフェ経営の現状

カフェ経営の現状は決して楽な状況下にはない。総体的には**別掲1**のグラフが現状である。つまり、繁盛している店はたった10%しかないのである。そして次の40%が何とかやっていけている店で、残りの50%はいつ潰れてもおかしくないという店なのである。この数字を見て、カフェ経営をあきらめる方が多いかも知れないが、実際には10%の中に入れればいい訳なのだから、悲観することも、開業をあきらめることもないのである。そして、これはカフェ経営だけに言えることではなく、飲食店全業種に共通して言えることなのである。では、なぜ非繁盛店になってしまうのか。その答えは簡単明瞭で、

①カフェの特性を理解してない
②立地と業態がマッチしていない
③客のウォンツを踏まえていない店づくりをしてしまう
④ただ真似ただけのメニュー構成で営業してしまう

別掲1 カフェの経営の現状は、50%は撤退候補店

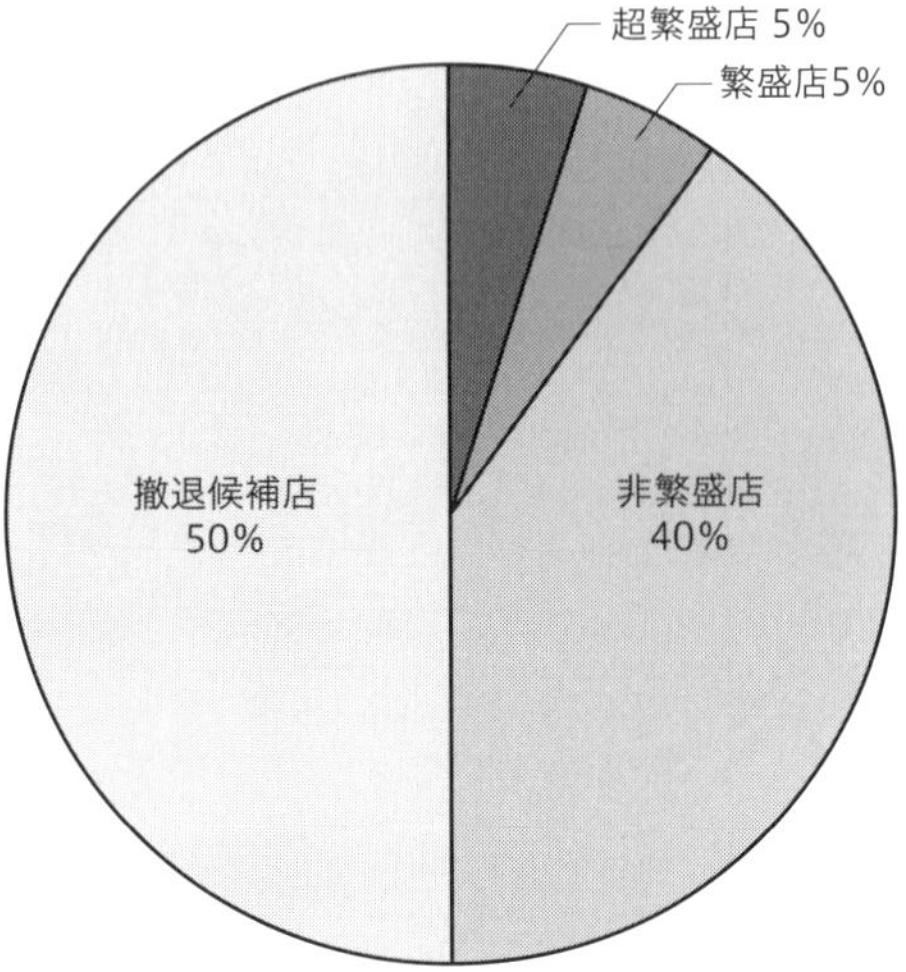

⑤接客サービスという付加価値をおろそかにして営業する
⑥定休日、営業時間が自分の都合だけで決まっている
⑦開業後まったく見直しをしない
⑧『ものさし数値』を理解していない
⑨開業後は経営努力を怠っている

といったことが、要因になっている。だから競合に勝てないということが起き、撤退やむなきに至ってしまうのである。昭和30年代の喫茶店ならいざ知らず、この①〜⑨を考えないことは、現代からは多いにズレていると言わなくてはならない。つまり現代のカフェ経営はかなり厳しいということだけは

再確認しておく必要がある。

カフェ経営に将来性はあるのか

結論から述べると、カフェ経営の将来性はあり、高いと言っていい。その理由は次のものである。

◇カフェを利用したい人が多い

いつの時代にも利用したい人が多いのがカフェである。これは昭和30年代から現在に至るまで変わっていない。これは、日本特有の現象である。

かつては喫茶店でコーヒーを飲むということが、西洋文化を満喫したい気持ちを満足させた。同様にアメリカ・シアトル発のコーヒー店に行くこと、イタリア風のバールに行くことがファッションにもなっている。

ひと休みする、携帯を充電したい、たばこを吸いたい、パソコンを開きたいという人は多い。コミニュケーションの場として、商談の場として利用したいという人が多いといったことが、カフェを利用したい人が多い要因となっている。そして、これからもカフェを利用したい人の数は減ることは考えにくい。

◇他の商売と比べて有利なところが多い

有利性の筆頭に挙げられるのは、

※高粗利率

である。メインの商品になるコーヒーの原料費は**別掲2**である。400円の売値なら、原料費率は、8・95%、粗利率は91・05%もある。300円で売っても粗利率は88・06%もある。こんな高粗利率は他の業界にはないはずだ。この粗利率であっても客が利用してくれるのである。ただ、はっきり言えることは、この粗利益率をただ認めてくれている訳ではないということである。

この粗利益率を認めてもらえる付加価値が必要だということを認識しておかなくてはならない。

次に有利性として挙げられるのが、

※価格競争業種ではない

という点である。例えば、350円のコーヒーと400円のコーヒーの店が軒を並べて営業していても、必ず350円の店が選ばれることにはならないのである。こんな店じゃ350円は高いと言われ、この店なら400円は安いと言ってもらえるのがカフェなので

別掲2　カフェのコーヒーの原材料費

材料	仕入値	1人分使用量	金額
コーヒー	2,800円／kg	10g	28.0円
グラニュー糖	260円／kg	5g	1.3円
クリーム	1,300円／ℓ	5ml	6.5円
合計			35.8円

ある。

例えば、セルフサービス・カフェの「スターバックス」は、他のセルフサービス・カフェと比べると価格は高いが、他の店を抑え最も支持されている。

例外はあるが小売業は価格競争業である。価格競争業の場合は安い方が支持される。ということは、小型店は大型店には勝てない。なぜならば、大型店は薄利多売ができるからだ。

スーパーなどは大型店が強いということを立証した好例である。私はかつてデパートの食堂の責任者だった経歴があるが、当時スーパー「ダイエー」の政策には度肝を抜かれたことがある。これでは、小型物販店が勝てないということを痛感させられた。

カフェが小型店でもやっていけるのは、価格競争業ではないからなのである。

さらに有利性になるのは、短期でカフェで必要な調理技術習得が可能だということである。やる気さえあれば短期での調理技術習得が可能なのである。ただ、短期習得が可能でも、調理の技術については、開業後も向上させていかなくてはならない。

客がカフェ（喫茶店）に求めているもの

美味しいコーヒーを売れば客はやって来てくれるのか。この答えは反論もあるとは思うが否である。なぜならば、いまどき、まずくて飲めないコーヒーを売っている店など無いからである。日本人はカフェを利用するのが好きな人種である。もちろん美味しいコーヒーが飲みたいというのも来店動機の一つに違いないが、実は動機はそれだけではないのである。では、客はカフェに何を求めているのだろうか。それを認識して開業プランニングを立てていかなくてはカフェ経営で10％の繁盛店の仲間入りをしていくことはできない。

◇寛ぎの場、憩いの場

これが主軸になるカフェの来店動機である。したがって、寛げる店づくりが必要になる。よくあるのは客席数を増やしたいばかりに、テーブルが小さく、椅子も小さく、通路も狭いという窮屈感を感じる店づくりである。これでは寛ぎという客のウォンツは満たされない。かといって、店は趣味ではなく生計のためである以上、経営を成り立たせなくてはならない。その点を踏まえると、席数は**別掲3**程度は確保しなくてはならない。この席数を確保しても、寛ぎの場を損ねるような店にはならないと言っていい。

◇客としての優越感が味わいたい

カフェでは「いい雰囲気」の要素に「店の接客態度」を挙げる人が上位にある。最もこれはどの商売でも同じだが、客としての優越感が味わえるのは一種の快感である。そのためには、接客サービスを始めとするサービスは重要なものとなる。客が2度と行きたくない店の上位に挙げるのは、接客サービスの悪い店である。

◇日常から脱したい

これも大きなウォンツである。なのに、

①店頭が汚れている
②カウンター付近は雑然とし、不潔感が漂う
②電球が切れていたり、壁紙が剥がれそうになっている
③トイレが汚い
④整理整頓がなされていない

別掲3 カフェの業態別の規模別標準の席数

業態	10坪	20坪	30坪
コーヒー専門店	22席前後	46席前後	70席前後
セルフ・カフェ	24席前後	50席前後	76席前後
カフェ、カフェバー	22席前後	46席前後	70席前後
カフェ（軽食等構成）	20席前後	42席前後	66席前後

といった、見るからに日常が漂う店は結構多い。これでは安らぎなど得られないし、憩いにもならないし、ストレスの発生源になってしまう。店づくりのテーマの一つは『**脱日常**』ということを認識して店づくりする必要がある。

◇その他

①コミュニケーションの場
②商談、歓談の場
③待ち合わせ
④時間潰し
⑤飲食

……が、カフェの来店動機である。つまり付加価値が大きな要素になっていることが分かるはずだ。

伏兵コンビニにカフェに勝てるのか

近年コンビニがこぞって本格的コーヒーを売り始めた。セブンイレブンのセブン・カフェやローソンのマチ・カフェがそれである。これらの店のコーヒーは、一杯ずつをドリップする全自動マシンが設置され、グレードの高いコーヒーが供されている。２０１４年セブン・カフェのコーヒーは実に7億杯を売り上げているそうだ。この数字を見ると、もしかするとカフェは、コンビニ・カフェに負けるのではないかという懸念である。

実際には、セルフサービス・カフェのテイクアウトは、コンビニ・カフェに影響されて、売上げを減らしている。

だが、カフェにはコンビニにない付加価値がある。それがスペースであり、接客サービスである。したがって、これからのカフェは付加価値を充実させなくてはならない。

喫茶店（カフェ）は減ったが、開業のチャンス

別掲4のグラフを見れば分かると思うが、バブル崩壊後の暗黒の10年とリーマン・ショックによる不況で、喫茶店（カフェ）はその数がかなり減少した。昭和56年前後の2分の1に近い数字まで減少したと言っていい。ピーク時はどの地域でも喫茶店を探すことに苦労はしなかったのだが、平成10年前後からは、地域によっては喫茶店を探すのに苦労するよ

うになったとさえ言える。

平成25年ごろから、喫茶店（カフェ）はまた増え始めてはいるが、昭和56年のピークの時には遠く及ばない。これをどうとらえるかだが、これはカフェを開業する人達にとっては、実はチャンス以外のなにものでもないと言える。

なぜならば、カフェ経営の欠点に挙げられるのが、競合に弱いということだからである。店舗数の減少は欠点の一つが解消されたにも等しいと言えるからである。

これからのカフェ経営の重要課題

カフェ経営は、これからも有望なのだが、これまでとはやや変化した経営環境がある。そのポイントになるものは、

①極度の人手不足→人件費のアップ

②店舗コストの値上がり→家賃はかなり高くなっている

という点である。まず人手不足だが、これはかなり深刻で時給相場は８００～１０００円（地域により多少前後する）だったのが、９００～１２００円に高騰している。

これでも、カフェはまだいい方で、ラーメン店、焼肉店といった業種では１３００円を

提示しても応募者が来ない例すらある。

次に家賃だが、バブルが弾けて暗黒の10年に突入後は家賃はかなり値下がりした。しかし現在は、バブル期と同等のところまで、地域によっては、それ以上のところまで値上がっている。つまり、これらの値上がり分を何かでカバーしなくてはならない。例えば、
①より高客単価政策による売上高の向上
②より徹底した原料管理による原料費比率の低下
③人件費削減のためのマシン（機械）の導入
④営業時間、営業日数の見直しによる効率営業
⑤綿密な勤務シフト組による人使い
⑥仕込み作業、調理作業の方法検討による能率効率向上作業の導入
等が必要不可欠になる。そして、この重要課題をクリアするためには、経営数字の理解が必要になる。よくあるのは、
①経営数字など役立たない
②経営数字は嫌いだ
などという言葉だが、どのような数字になれば利益計上が果たせるのかも分からず利益

別掲4　喫茶店の店数の推移

総務省統計局『事業所統計調査報告書』より

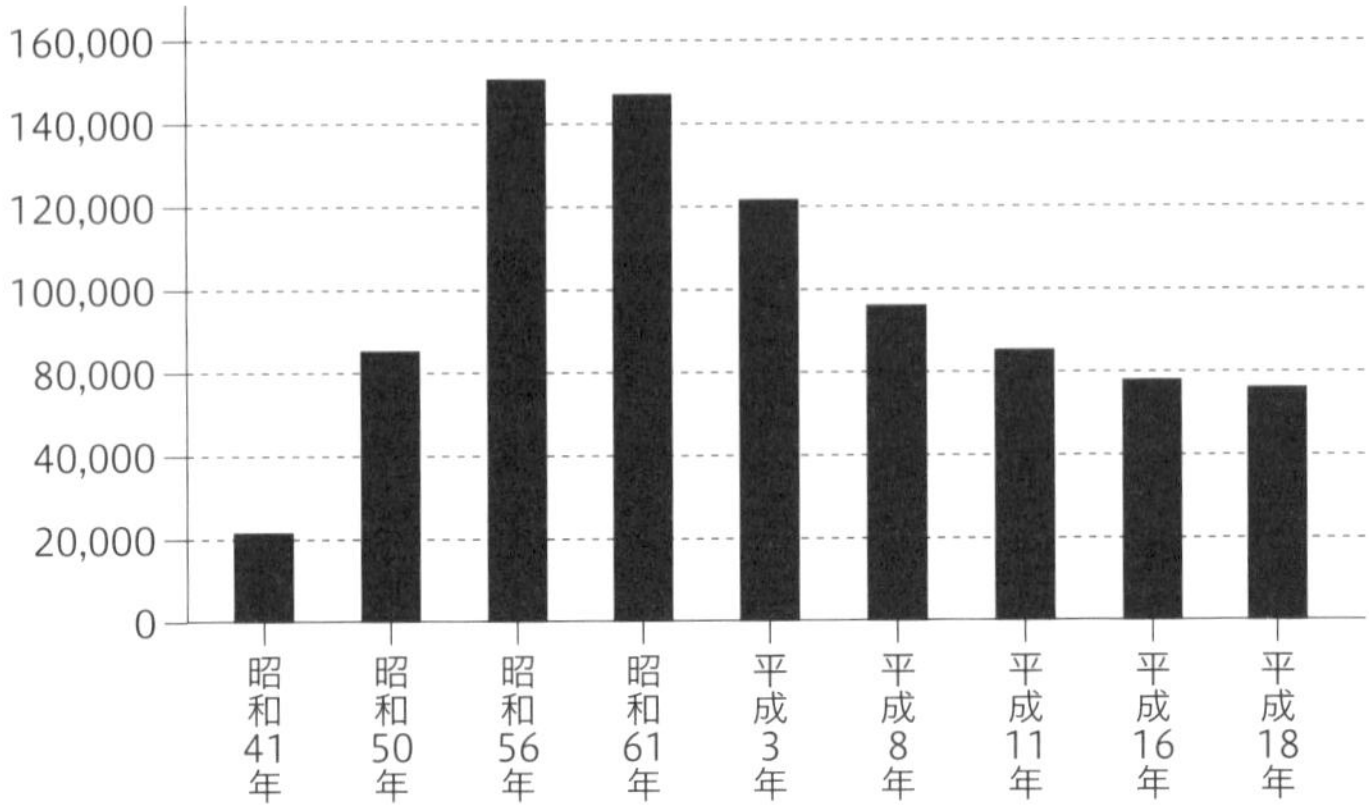

計上ができる店など作れる訳が無いのである。これからは、数字を理解して経営しなくてはならないのが重要課題である。

居抜き開業の是非

※居抜きの店なら安く開店できる

　ネットを開くとこのような文言が数多く出てくる。また、居抜き店舗の紹介も数多く載せられている。居抜きの場合、大きく分けると、居抜代（資産譲渡となっている場合もある）が無料になっているものと、居抜代が必要なものとがある。どちらの店舗にせよ、居抜きの場合は注意しなくてはならない事項が数多くある。

◇なぜやめるのか

居抜きの店舗を借りる際、『なぜやめる（た）のか』と聞いている人がいる。でもこの質問は愚の骨頂としか言いようがない。もの売る側が不利になることなど言えるはずがないのである。だから、店をやめる理由は、

①この店をやめて、もっと大きくしたいので
②経営者が歳をとったので
③経営していたご主人が病に倒れたので
④実家の家業を継がなくてはならなくなったので

といった当たり障りのない理由がついている。でも90％以上は業績不振でやめるのだ。

◇居抜代が無い場合の注意点

居抜代が無い場合で、内装等にはさして手を入れる必要がなく、厨房設備が使え、付帯設備も使える。このような場合は、「居抜きは安く開業できる」が当てはまる。しかし、この判断は素人ではつきにくい。できれば経営コンサルタントとか、設計者に随行してもらい、判断してもらった方がいい。この判断を誤るとかえって高くつくので注意がいる。

居抜店舗の中には、開業6ヶ月でほとんどの厨房設備を入れ替えた例もあるし、排水に欠陥があり開業後に大きな費用がかかったという例や、排気で近隣とトラブルになったと

いうような実例は数多くある。

◇居抜代がある場合

居抜代がある場合は、その分だけ、またはそれ以上の価値が内装設備等にあるのかを判断しなくてはならない。居抜代以上の価値があれば居抜代を払ってでも割りが合うはずである。これも素人では判断が難しい。

これらの事項でわかると思うが、居抜きの場合、目先の費用は安く開業できるように見えるが、かなり検討する必要がある。

第二章

昭和初期までの喫茶店

コーヒーは高級でハイカラな飲み物で、
喫茶店は、おしゃれな店。

明治時代にすでにあった喫茶店

文献によると、明治7年（1874年）に神戸元町に
※放香堂珈琲店
が開店している。看板には印度産珈琲とあったようである。当然コーヒーを挽くミルなどはなかったので、石臼で挽いていたようだ。抽出器具も現代のようなものはなく、挽いたコーヒーを煮だして、煎じ薬のような作り方をしていたという。

このような抽出方法は現代でも、『ターキッシュ・コーヒー』で採用されているし、ボイリングという抽出方法もその名残りがある。この店は平成28年に喫茶を復活させている。

また明治10年浅草寺境内で催された油絵を見せる見せもの小屋。ここは、一般の日本人が油絵に接した出発点として位置づけられている。ここで、コーヒーがサービスされた。その後、画廊喫茶として、このパターンは残っている。

明治19年（1886年）には日本橋に洗愁亭が開店している。そして、なんといっても本格的な喫茶店は、明治21年、現在の台東区上野に開店した、
※可否茶館（カヒサカン）

である。文献によると、現代の喫茶店と違い、
※カード（トランプ）、ビリヤード、囲碁、将棋等の遊興設備
　等が楽しめるようになっていたのと、
※シャワー、化粧室
　等も備わっていたそうだ。これから察するに喫茶店というより、社交倶楽部的な内容であったようで、財界、文化人達の溜り場になっていたそうだ。経営が振るわなかったこと、経営者が投資に失敗したこともあり、明治25年には撤退している。

　以後、明治44年（１９１１年）には、
※カフェー・プランタン、カフェー・パウリスタ、カフェー・ライオン
　が開店している。このうち「プランタン」は会員制で、これが会員制のはしりと言われている。次に「ライオン」だが、これは「カフェー」となっているが、メニューは洋食、洋酒が中心で、ウェイトレスは現代でいう、ホステス的な役割を果たしていた。

　したがって、現在のメイド・カフェの原型業種である。次に「パウリスタ」だが、これが現代のカフェに最も近いタイプであった

『銀ぶら』とは？

東京の銀座は、日本の繁華街の中では、最も有名な繁華街である。1丁目〜8丁目まであり、中央通り（メインの通り）には、有名で歴史のある商店が軒を並べている。かつて銀座は、銀座、西銀座、東銀座と分かれていたが、現在はすべてが銀座という呼称になっている。特徴としては、中央通りを除く西側はバー、クラブ関係が多く、東側はどちらかというとビジネス要素が強かった。今でもこの名残りは残っている。銀座という地名のメジャー性にあやかって、日本のいろいろな地域に『○○銀座』なるものがある。

さて銀座に関した言葉に、

※銀ぶら

というのがある。これの意味は、銀座をブラブラ散歩して、ショッピングをするという意味。銀座の「カフェ・パウリスタ」においてブラジルコーヒーを飲むむというのが語源らしいという説が出たこともあるが、調べた方がいて、「銀座をブラブラ散策」の略が「銀ぶら」であるほうが自然だということだ。とはいえ、「パウリスタ」の開業時の明治時代の後半は、そこでブラジルコーヒーを飲むのは一種のステイタスだったということである。

「カフェー」と「カフェ」の違い

現代においては、カフェというと喫茶店と同義語になるのだが、銀座の「カフェー・ライオン」を皮切りにできた後発カフェーは女性がただ給仕するだけでなく、接待行為をする店で、そのサービス行為は日増しに度を増していったのである。関西からは、さらに強烈なサービスをするものが入ってきて、サービス競争はどんどんエスカレートしていった。しかもその数はどんどん増えたため、昭和4年（1929年）にカフェー、バー等取締要綱が制定され、昭和8年には『特殊飲食店取締規則』が出され、いろいろな規制がつけられ、取締の対象になる業種になったのである。いってみれば、カフェーの一部はバーとか、キャバレー的な業種であった訳である。

その後、コーヒー等の飲み物を中心とするカフェと分化していった。つまり、カフェーとカフェは実は違うのである。現在でも**風俗営業の1号許可**には、カフェーという業種が載せられている。30年ほど前、カフェーという業種で許可を申請して、警察からは、なぜ風俗営業の許可を申請しないのかと言われた店があったぐらいで、カフェーとカフェは異なるのである。

※1号営業許可とは
キャバレー、料亭、待合茶屋、料理店等（和風）、バー、カフェー、クラブ等（洋風）

代用コーヒーの時代

昭和10年（1935年）頃から喫茶店はどんどん増え始めて、東京だけでも1万軒を超え、多様化していった。だが、昭和14年に悪夢の第2次世界大戦が勃発し、昭和20年8月の終戦までの長きにわたり戦争は続いたのである。この頃のキーワードは、
①うちてしやまん（敵を討って滅ぼしてやるという意味）、この時の敵はアメリカである。
②欲しがりません勝つまでは（贅沢は敵だ）
である。昭和13年に戦争のせいで、贅沢品の輸入が制限され、翌14年には完全に輸入が禁止された。当然コーヒーも入荷してこなかったのである。当時、苦肉の策として大豆とか百合根をコーヒー豆の代用として使用し、細々と営業してた店もあったようだ。いま考えれば、いったいどんな味だったのか想像もつかない。

しかし、喫茶店イコールコーヒーなのだから、喫茶店は次から次へと閉店を余儀なくされた。また閉店しないまでも、転業は余儀なくされたのである。例えば、千疋屋、ウエス

ト、コロンバン、中村屋が転業組の代表である。
この時期が、喫茶店としては苦難の時代だと言っていい。

GIコーヒーの時代

昭和20年（1945年）8月30日、連合軍総司令官ダグラス・マッカーサー元帥が厚木飛行場から日本本土に上陸し、連合軍の進駐が始まった。進駐が始まるまでの間はいろいろな噂が、例えば女性は凌辱されるのではとか、男性は暴力下にさらされるのではないか、といった噂が飛び交い日本人は戦々恐々としていた。

ところが、上陸した進駐軍は、考えていたものとはかなり異なり、ほっと胸を撫で下ろしたものである。進駐した兵士がジープで通る。それを子供が追いかける。そして、

※ギブミー・チョコレート、ギブミー・ガム

と叫ぶと、ジープの上からそれを投げてもらえた。全てが欲しがりません勝つまではだった日本人の子供にとって、これは大変なご馳走だったのである。今では、とても考えられない日本の風物史である。

では、当時の喫茶店はどうだったのかというと、コーヒーの入手は困難で、進駐軍から

放出されたGIコーヒーを入手して営業していた。なお、GIとはアメリカの陸軍兵士のことをさした言葉である

金があっても物が買えない時代

戦後すぐに直面したのは、大変な食糧難である。米などは配給制なので、どうしても米が欲しい場合は、闇米を田舎に買い出しに行かなくてはならなかった。しかし、金では売ってもらえなかったのである。どうやって買ったのかというと、着物とか美術品等との物々交換だったのである。そんな苦労をして入手した米も、統制品なので警察に見つかれば、没収されてしまったのである。米が入手困難なため、代用食になったのが、メリケン粉、甘藷、馬鈴薯等である。メリケン粉を水で溶いただけの液をフライパンで焼いた物とか、蒸かした甘藷、馬鈴薯に塩を付けた物とかを食べさせられていた。それですら当時としてはご馳走だったのである。こんな時代だから、一般人がコーヒーなど優雅に飲んでいる時代ではなかったと言っていい。だから当時の喫茶店は商売的にはかなり苦しかったはずである。

コーヒーの輸入が再開されたのは昭和25年（1950年）以降である。ここから喫茶店

の快進撃が起きることになる。こうした輸入豆はほとんどが喫茶店で使用された。つまりこの段階では、家でコーヒーを立てて飲むといったことは、全くなかったと言っていい。この段階ではコーヒーの位置は贅沢品だったのだ。

敗戦ピンチをチャンスに変えた人

戦後は闇市が立ち、食糧難を乗り切るため食料を求めて右往左往するという状況になった。第2次世界大戦の敗戦は日本にとっては最大のピンチだったと言っていい。そんな時には何かことを起こすべきではないと大多数の人は考えていた。だが、そんな状況下において、今こそことを起こすべきだと考えたごくごく少数の人がいた。そして、その人達は大きな財を成したのである。ここには重要な教訓が含まれている。それは何かというと「ピンチはチャンス」なのだという教訓である。例えば、不況のどん底の中で喫茶店を開店したいと考えて、金融機関、友人、家族等に相談した。全部から反対されたのである。だが、不況のどん底の中で何が起きるのかというと、

①家賃、敷金等が下がる
②内装費、設備費等が下がる

のである。これがどのぐらい有利なのかは、語る必要もないことである。経済というのは、ずっと不況のどん底ということはない。必ず好転していくものなのである。そのとき、有利な条件は大きく生きることになる。

いち早い復興

戦後の混乱から見ると、復興にはかなり時間がかかるのではと考えられるのだが、復興は驚くほどの速さだった。昭和22年（1947年）には6・3・3制で教育がしっかりとして、日本ダービーも復活、ストリップという色っぽいものも誕生している。この当時のストリップは、脱いで踊るものでなく、額縁の中に半裸の女性が動かないで立っているといったものだった。

そしてこの時期、キー・ワードになったのは、

※産めよ増やせよ

である。そしてここで、ベビー・ブームが起きている。昭和22年から25年生まれはのちに**団塊の世代**と呼ばれた。この団塊世代も平成30年には、シニアになってしまった。

喫茶店も昭和25年には完全復活を果たしている。そして1,000円札も発行された。

別掲5　昭和25年〜35年の喫茶店コーヒーの値段

	コーヒー	大卒初任給	ラーメン
昭和25年	30円	11,000円	25円
昭和30年	50円	11,500円	40円
昭和35年	60円	16,000円	50円

当時の日本の復活パワーは目を見張るばかりだ。そして、この当時の喫茶店のコーヒー等の価格は**別掲5**である。大卒の給与が1,000円だから、コーヒーはその当時かなり高かったのだと言っていい。なお、この当時は1ドル＝360円で、泣く子もだまるメリケン・ダラーと言われていた。

伝説のコーヒー専門店「ランブル」

「カフェ・ド・ランブル」の創業オーナーの関口一郎さんは、1914年生まれで2017年には100歳を迎えた。そして、100歳を超えても毎日店に出て働いていた。まず、このパワーには恐れ入るし、敬意を表したい。店は銀座で創業が昭和23年である。10年以上もエージングしたコーヒー豆を自家焙煎し、ネル・ドリップで丁寧に一杯ずつ淹れている。味は好みもあるが美味しいというのが、おおかたの感想で、「カフェ・ド・ランブル」のコーヒーを飲まずしてコーヒーを語るなかれと言われている位なのだ。看板には「珈琲だけの店」とあり、店の主張をはっきり打ち出している。

現在も繁盛しており、銀座に行った時は「カフェ・ド・ランブル」でコーヒーを飲みたいというファンもかなりいる。また、この店は日本だけでなく、海外でも有名で、中国、韓国からの観光客もかなりやって来ているようである。

当店はコーヒーだけです。これがこの店のコンセプトで、当店の味はこの味だというのが、この店の主張である。「繁盛するためには主張をはっきりと打ち出すべきだ」ということが非常に参考になる。

喫茶店も銭湯も空になった出来事

昭和27年（1952年）に、
※「忘却とは忘れ去ることなり。忘れ得ずして忘却を誓う心の悲しさよ」
のナレーションから始まるラジオ・ドラマ『君の名は』がスタートした。これは、その時間になると、銭湯の女風呂も喫茶店も空になったというほどの人気ドラマである。

主人公は、氏家真知子と後宮春樹で、映画化された時、氏家真知子は岸恵子さんが、後宮春樹は佐田啓二さんが演じた。この時、氏家真知子が頭から首にかけて巻いたストールの巻き方を真知子巻きといい一世を風靡した。この当時のコーヒーは50円前後であるが、実はこの当時のコーヒーは仕入値がかなり高かった。この当時のコーヒー豆は１kg１，４００円前後はしたのである。そして当時のコーヒーは１人分12ｇは使用していたので、１人分のコーヒーのコストは約17円かかっていた。当時は砂糖も高く、砂糖の入れ方も多かったので、それとクリームをプラスすると、25円以上の材料費がかかっていたのである。これは、50円の売値に対しては50％で、決して粗利率が高いという有利性があった業種ではないことがはっきり分かるはずである。ちなみに現在のコーヒー一杯の材料費は高く見積もっても30円である。

喫茶ブームの追い風となったもの

喫茶ブームの追い風となった要素は数多くのものがあるが、第一の要因として挙げられるのは敗戦から数年経って、生活が落ち着いたのと、金銭的に多少ゆとりができたことが、第一の要因である。そして、昭和24年酒類の統制が撤廃され、昭和25年から29年にかけては、

①コーヒー豆の輸入が本格化

②味噌、醤油の自由販売再開

③砂糖、小麦粉の統制撤廃
④パンの量産始まる

といったことが、喫茶店ブームの形成を後押ししたと言える。中でもコーヒー豆の本格輸入と、それまでは闇の高い砂糖を使わなくてはならなかったのが、統制から外れたことが大きかったと言っていい。だが、この時代は、バー、クラブと並び、喫茶店も水商売と言われていたので、出店を躊躇する傾向があった。それが、大ブームしなかったことの要因である。

昭和25年当時の喫茶店は『純喫茶』

純喫茶とは、どんな喫茶店のことをいうのか。確たる定義はないのだが、アルコールとか軽食は構成されていない喫茶店だという定義付けになる。後述するが、昭和30年代は景気の良さも背景に色々な喫茶店が登場してくる。その中には、風俗営業的な営業をしながら、気軽に利用してもらうことを狙って「喫茶」の文字を看板に出すところも出てきたのである。そうした店と区別するために、「うちは純粋な喫茶店です」という意味で**「純喫茶」**を店名の前に付ける店が増えたともされる。昭和39年（１９６４年）に東京オリンピックが開催されることが決まり、外国人観光客が増えることの対策の一環で風俗営業法が改正され、風俗営業的な喫茶店は「喫茶」を謳えなくなった。

「純喫茶」のメニューは、

①コーヒー、紅茶、ココア、ミルク等の飲み物類
②オレンジ・ジュース、レモン・スカッシュ、ソーダー水、クリーム・ソーダー、コーヒー・フロート等の冷たいドリンクス類
③ホットのジュース等
④トースト、ホットドック、サンドウィッチ、ホットケーキ等の間食類
⑤アイスクリーム、プリン、ジェリー、パフェ、サンデーといった冷菓類
⑥ケーキ類

が定番メニューである。このようなメニュー構成でも、競合が少なかったのでやっていけたと言っていい。そして、競合が激しくなることで、スパゲッティ、ピラフ、カレー等の軽食、ビール、ウイスキー等のアルコール類が構成されていった。

身長5尺2寸以上、容姿端麗

ある喫茶店がウエイトレスの募集に当たってつけた条件が、身長5尺2寸（約160㎝）

以上、容姿端麗というものである。

これが東京・銀座にあった「コンパル」とか「プリンス」、日本橋にあった「スリーナイン」という**美人喫茶**のウエイトレスになるための条件である。今はこの身長では、低すぎて一流のファッションモデルにはなれない。現在では身長は170cm以上が必要である。ちなみに世界でトップモデルとして活躍中の冨永愛さんは身長179cmである。だがこの当時は日本人女性の平均身長は150cm前後なので、160cmならスラッとしていたわけだ。これらの**美人喫茶**は、入口ドアがガラスになっていて必ず1人がドアに立って、その人が誘客要因になっていた。コーヒーの価格は、「プリンス」が1,000円だったと記憶している。当然のことだが、美人ウエイトレスは、飲み物を運ぶだけで、他のサービスは一切なく、客との会話も禁じられていたので、デートに誘うこともできなかったわけだ。そこで、客が考えたのは、マッチ箱にメモを入れて渡すという、いかにもアナログで幼稚な方法である。このようなタイプの店は現代にもあり、メイド喫茶などは形を変えた美人（？）喫茶だとも言える。

美人喫茶は結構、効率接客をしていた

美人喫茶の場合、ガラス越しのドアの向こうに、必ずドアガールが立っていたので、それに釣られるようにして、男性客が入店するのである。客が入店すると、ドアガールが客席へ案内するのだが、この時ドアガールからは指サイン出て、客が何人連れなのかが分かるシステムになっている。そしてドアには他のウエイトレスがやって来る。

ドアガールが席まで案内すると、すかさず他のウエイトレスが、お冷や、お絞り、メニュー表を運んで来てオーダーを取ることになる。案内したドアガールは、所定のドアの前の位置に戻るというシステムになっていた。これで、かなりの時短になるのである。この当時から、効率化されたシステムを持っていたのには驚きがある。これら、美人喫茶は結構な店数に増加したことは言うまでもない。同じような形で誘客していたのが、**コンパ**である。コンパという業態は、スタンドバーである。カウンターの中には女性がいて、その女性達が接客に当たるのである。これが、女性バーテンのはしりだと言っていい。この業種が誕生したのは、風俗営業法（現風営法）のせいで、カウンターの中に女性がいてサービスしている場合は、風俗営業の許可を取らなくても良かったからである。

衝撃だったトリス・ウイスキーの発売

　現在のサントリーは、鳥居商店としてスタートし、寿屋として赤玉ポート・ワイン（現在の赤玉スイートワイン）を発売した。この頃ワインといえば赤玉と言われるくらい、これが大ヒットしたのである。この人気にあやかろうと、喫茶店がメニューに構成したのが、**アメリカン・レモネード**である。

　これは、レモネードの上に赤玉ポートワインの赤（赤と白があった）をフロート（浮かべた）した甘酸っぱいカクテルで、これが結構流行ったのである。

　そんな時代だった昭和25年（1950年）、トリス・ウイスキーが発売された。そして、それから2年後にはトリス・バーが大流行したのである。この当時は、ウイスキーは、進駐軍とか、それに関連するところからしか手に入らず、それを入手する場合はかなり高額な対価が必要だった。それゆえにバーで、バーボン・ウイスキーとか、スコッチ・ウイスキーを飲めたのは、極ひと握りの人達だったわけだ。そこに登場したのがトリスだったのだから、これに人気が出ないはずがないのである。開業したトリス・バーはそのほとんどが繁盛店で「嘘みたいに儲かった」と当時のトリス・バーを経営していた人達は懐かしがっている。

ハイボールの素があった

世界大戦後に飲んでいた焼酎は匂いも悪く、味も悪いという代物であった。今の焼酎からはとても想像できる代物ではなかったわけだ。かといって、ウイスキーは高嶺の花だった時代なので、悪品質な焼酎を我慢して飲んでいたわけだ。そこに**「ホイス」**なるものが出現したのである。ホイスはウイスキーとの合成語で、ホイスキーがホイスとなった物である。

このホイスの製造元は、東京都港区白金の後藤商店で、これにはアルコールは含有していない。当時より手作業で作っており、生産量が少なかったため、一部の愛好家しか知らなかった商品である。今でも知らない人の方が多いようだ。

これは現在も製造されているが、やはり生産量が少なく、一般の酒店では入手不可能だし、ネット販売もしていないようだ。焼酎とホイスを混ぜ、炭酸水で割ると、焼酎が、ウイスキー風の味になるというのである。

今、飲み屋でサワーが流行っている。だが、このホイスこそが、サワーの原型品だと言っていい。そして、このホイスは今密かに流行っているが、都内のほんの一部の店でしかお目にかかれないという商品である。

ジャズ喫茶通いから評論家→マルチタレントに

叔父の家にあったジャズのレコードに魅せられ、ジャズ喫茶に入り浸っていた後、ジャズ評論家になったのが、大橋巨泉さんというマルチタレントである。早稲田大学時代は、俳句もやっていたので、俳人としてもそこそこ有名だったらしい。昭和40年（1965年）8月にスタートした、テレビ番組11PM（イレブン・ピーエム）の司会者となり、知名度は上がった。

※みじかびの、きゃぷりときれば（きゃぷりてぃとれば）、すぎちょびれ、すぎかきしらの、はっぱぷみふみ

これを読んだだけでは、何をいっているのか理解できないのだが、これはパイロット万年筆のCMだと聞けば、なんとなく手紙がすらすら書けるという雰囲気が出ているはずである。

大橋巨泉さんはこれを即興で作ったというから凄いのだが、これを採用したパイロット

万年筆も凄い。『はっぱふみふみ』は大流行語になり、パイロット万年筆は売上げを伸ばしたのである。

また、アシスタントだった朝丘雪路さんのバストを称し、「ボイン」と言ったのも大橋巨泉さん。

談話が許されない喫茶店

戦後（昭和20年）しばらくして出現したものの一つとして挙げなくてはならないのが、談話禁止の喫茶店である。これが、ジャズを聴かせてもらえる喫茶店である。世間に一般的になったのは、昭和39年頃からだが、これ以前にこれらの店が受けたのは、レコードが極端に高かったからである。ちなみに昭和26年（1951年）の大卒初任給は5～6,000円程度なのに、

国産1号のLPレコードは実に2,300円である。昭和26年より前は、もっと高額だったのであるから、とても一般人に購入できなかったのがレコードだったわけだ。東京・渋谷にあった**ジャズ喫茶**では、レコード30枚が盗まれ、閉店やむなきに至ったという店もあったぐらいである。当時は当然、レコードプレイヤー、スピーカー、アンプといった音響設

備も高く、当然家庭では買えなかったと言っていい。それだけに、ジャズ喫茶は価値があり繁盛したのである。

そして、これらの店は会話が禁止だったのである。なぜなら視聴に差し障りが出るからで、会話したことで客同士が喧嘩になるということも多々あった。

同じように、**名曲喫茶**なるものもあった。こちらはクラシック音楽を聴かせる喫茶店である。こちらはさらに会話することには厳しかったようだ。

昭和27年～29年の平均的な喫茶店の内装

特殊な喫茶店は別にして、ほとんどの店は木部が活かされた重厚な店だったと言える。この時代は、化粧板などは普及していなかったので木が使用されていた。床はほとんどの店が、絨毯貼りになっていたし、椅子テーブルは既成品はなかったので、そのほとんどはオーダー品だった。したがって初期投資は現在の店より、かなり高額だったはずである。

厨房設備も当時は値引き率が非常に低く、ほとんど上代価格で設置されていた。つまりデザイン性は別にして、店そのものの付加価値は高かったと言っていい。

そして、大半の店は個人店であった。そのため経営者の資質というのも繁盛に影響して

いたと言っていい。例えば、
①経営者の話術が好きでやって来る
②経営者の知識に傾倒してやって来る→例えばジャズの知識が豊富、クラシック音楽の知識が豊富
といった具合だ。ここには現代でも学ばなくてはならないことがある。それは、経営者は自身を磨くことを怠ってはならないということである。

『秘』が保たれた店づくり

この当時の喫茶店の特徴の一つとして挙げられるのが、席と席の間が衝立等で仕切られているという特徴があった。仕切りは座ると顔が隠れる程度の物だが、周りとは遮断された空間になっていた。これは日本人には領土意識が強かったからというのが一つの要因である。何でこうなっていたのかという、はっきりとした答えは無いのだが、
①喫茶店を利用しているのを見られるのが嫌だから→喫茶店でサボタージュしていると思われたくない。喫茶店で贅沢（当時は喫茶店でお茶をするというのは贅沢）しているのを目撃されたくなかった。

②領土意識が強かった↓世界大戦で領土を失ったことにより、領土に対する執着があり、
　仕切られていると、そこが自分の領土という満足感があった
③デート等が噂になるのを恐れていた↓現在のように、男女交際が自由ではなかったので、
　人目につかないことを心掛けていた。
　等が要因になっていた気がする。今は、男女関係は自由そのもの。時代の変化には驚か
されるばかりだ。

椅子・テーブルの特徴

　昭和29年（1954年）ごろの喫茶店の椅子やテーブルは、そのほとんどがオーダーメ
イドであった。なぜならば既製品には喫茶店に向く物がなかったからである。テーブルの
甲板は、2人掛けの場合で、
※350〜400×350〜400㎜
　程度で、4人掛けの場合は、
※700〜800×350〜400㎜
と小さかった。軽食はなかったので、この大きさのテーブルで良かったわけである。

次に椅子だが、これは大きい物が多かった。そして応接セットを使っている店もあり、どちらかというと寛げるものが多かったと言っていい。家具も付加価値に一役買っていたわけである。

現代は、その当時の物より座り心地が良くないが、ここ最近は、また応接セットとか、それに準ずる家具を設置することが多くなったようである。

つまり、付加価値も大きな売り物だというのが、喫茶店なのである。そしてそれを加味した店づくりが客の支持を受けることになる。

個人店には個人店の魅力があった

昭和29年ごろの喫茶店というのは、小型店にしても、中型店にしても、そのほとんどが個人店だったと言っていい。つまり他業界からの進出もなかったし、大手企業帯の進出もなかった。

これは、喫茶店という商売が特殊視（水商売）されていたからである。さらに一般人の場合は『水商売』に手を出すというのは、余程のことがない限り、なかった時代だったのである。

昭和29年当時、東京・渋谷で喫茶店を始めたマスターは、開業資金が不足するので、金融機関に借入を申し込んだが、全て金融機関から却下された。仕方なく、親兄弟と相談したが大反対され、どうしても開店したいなら親子の縁を切るとまで言われる始末だったそうだ。ほとんどが捨てる神だったのだが、中に1人だけ貸してくれた叔父がいたのである。そして無事に開店でき、店は大繁盛したという。繁盛の要因になったのは、経営者個人の魅力である。彼はジャズに精通しており、その彼とジャズ談義がしたくてやって来る客がかなり多かったのである。

ここに大事な教えがある。個人店は個人店なりに、他店との差別化を図る方法が必要であるということなのである。これからの個人店経営は、経営者自身の資質を磨くことも重要だ。

当時の喫茶店の主力軽食はパンメニュー

昭和29年ごろの喫茶店のメニューは、飲み物は、コーヒー、紅茶等のドリンクに、ジュース、ソーダ水等のソフトドリンク、アイスクリームとアイスクリーム・デザートというのが一般的で、軽食メニューはほとんど構成されていなかった。唯一、構成されていたメ

ニューは、パンメニューで、
①トースト→プレーン・トースト、ジャムトースト、バタートースト等
②ホットドック
③サンドウイッチ
　が主軸になっていた。スパゲッティ、ピザ、ピラフといったものはまだ登場していなかったのである。この時期にサンドウイッチで有名になった店が誕生している。しかも、それらの店はコーヒーが50～60円時代に、サンドウイッチには200～250円の売値をつけていたのだから、サンドウイッチがいかに高かったかということがわかる。でも、東京の有楽町にあったサンドウイッチがメインの喫茶店では、角食パンを1日10本も使用していたそうである。

ピザを知らない人が開発したピザトースト

　私がピザなるものを東京の六本木で初めて口にしたのは、昭和29年頃である。この当時の六本木は、東京人ですら知らない特殊な街だった。地下鉄が通っていたわけではなく、交通機関は路面電車のみであった。飲食店も数えるほどしかなかったが、進駐軍のキャン

プがあったため、そこから放出される雑誌とか物資を売る店があり、それを目当てに、芸能関係、ファッション関係、美容関係の人達が集まる街だったのである。夜になると、それらの人とアメリカ兵で活気が出て、それを目当ての飲食店が出店した街が六本木である。そのため飲食店も外人で埋め尽くされていたのだ。

さて、ピザを初めて口にした時の私の感想だが、

※なんて不味いのだろう。よくこんなものを外人は食べるな

というのが正直な感想だった。それまでは固形石鹸みたいなクラフトチーズしか食べていなかったのだから、ナチョラル・チーズの匂いはとても我慢できる匂いではなかったのである。でも、これが不思議なことに、食べるたびに『くせ』になり、1年もしない間にピザのファンになってしまったのである。喫茶店がピザらしきものをメニューに構成したのが、ピザトーストで、これがまたピザを知らない人の開発だというから驚きだ。

六本木はニュー・プレイタウン（特殊繁華街）

通常の繁華街というのは、例外はあるがターミナル型である。駅が中心になり、ショッピング要素、歓楽要素ができて、繁華街になっていたわけである。東京の六本木というの

は、駅が中心で栄えたわけではない。なぜなら、交通機関は路面電車とバスしかなかったからである。前述したが六本木が栄えた要因は、進駐軍のキャンプがあったためで、飲食店に入ると、ほとんど外国人だったのである。会話が外国語（ほとんどが英語）で、店は異国情緒に溢れていた。その中で飲食をすると、何か自分の価値が上がったような気分になったものである。以後、私は六本木にハマってしまったようだ。

六本木は赤坂のＴＢＳ、六本木にテレビ朝日（六本木の交差点からはかなり離れていた）があったせいで、芸能人が多かったのも一つの特徴である。

昭和の大スター、石原祐次郎さんも夜な夜な六本木を徘徊していたようだ。また女優の加賀まりこさんも六本木を愛してやまなかった１人で、これらの人達が初代六本木族である。

このような、特殊な栄え方をしたのがニュー・プレイタウンで、その特徴さえ巧く掴めば商売はやり易い街である。

歌声喫茶『灯（ともしび）』は連日、客の歌声でにぎわった

歌声喫茶というのは、ピアノとかアコーディオン等の楽器に合わせて、客が合唱して楽

しむという喫茶店である。歌う音楽のジャンルは各国の民謡が中心で、加えて歌謡曲、ポップス等が中心で唄われていた。入店すると歌詞の小冊子が配られ、ステージで唄う歌手のリードで全員が唄うのである。この唄うという行為、しかも全員で合唱するという行為は、ストレス発散には絶好の行為だったのである。「灯」は昭和29年（1954年）の開業だが、一時店は閉めていたが、現在また『ともしび』として復活し、客層は20～80代と幅広い。かつて歌声喫茶に頻繁に通った団塊世代の人達は、この復活した歌声喫茶の主客層になっているようだ。復活している歌声喫茶は結構賑わっている。

さて、ここには現代の喫茶店経営の参考になる教えがある。それは仕事で現役を引退した60～70代の人達は、カフェを利用する面では、まだ現役だということだ。実際には行くところがなく困惑していると言ってもいいのである。だから、現代の店もこの年代を狙うということも考えなくてはならないのである。また、60代なら働き手としても考えられるはずである。

第三章

喫茶店の絢爛期

昭和30年〜39年

景気上昇とともに喫茶店の業態は多彩に。様々な形で生活に密着していく。

昭和30年～39年に様々な喫茶店が誕生

この時期は、さまざまな喫茶店が誕生している。例えば、

①**歌声喫茶**↓客全員が一緒に歌い楽しむ喫茶。歌は、ロシア民謡、唱歌、童謡、労働歌、反戦歌、歌謡曲など

②**シャンソン喫茶**↓シャンソン歌手が歌唱するライブハウス

③**ロック&ジャズ喫茶**↓ロック歌手が歌唱、バンドが演奏するライブハウス

④**ジャズまたはクラシック喫茶**の最盛期↓入手困難なレコードを所持していることが売りもの

⑤**ラウンジ型喫茶店**の出現↓喫茶店というより、ホテルのラウンジ型の喫茶店

⑥**軽食喫茶**の出現↓スパゲッティ、ピザ、ピラフ等がメニューに構成された喫茶店

⑦**スナック喫茶**の出現↓昼は喫茶、夜はバーという業態

といろいろな業態が出現したのがこの時期。この時期の後半、昭和39年には東京オリンピックが決まっており、そのための鉄道整備、道路整備で公共事業が増え、オリンピック景気に沸いていた。2回目の東京オリンピックも景気好転もう一度がなるか。

スナックは、日本語

日本では、「スナック」と聞いたとき、何を想像するかというと、夜に酒を飲む店を想像するはずである。しかし、スナックというのは実は、軽食を意味する語である。この業態をはじめに手がけた人は、アメリカではスナック・バーとなっていたので、酒を売る店と錯覚したわけだ。ではなぜバーとなっていたのかというと、バーと『棒状のもの』のことで、カウンター席に座る際、それに手をかけ座りやすくするため、カウンターにバーが付いていたのでスナック・バーとなっていたわけだ。したがってスナックが酒を売るバーだという解釈は日本だけのものである。ホステスがいるバーは価格が高く利用がままならなかったのだが、スナックの場合は、ママが中心だったので価格がリーズナブルだったので人気が出た業種である。

そして、夜だけの営業ではもったいないということで、昼は喫茶店として営業したのが、**「スナック喫茶」**である。現代には、昼はカフェで、夜はショットバーになるカフェがある。

このような店を、

※二毛作店

というが、スナック喫茶はその先駆者だと言っていい。

スナックの許可は？

スナックとかスナック喫茶の営業許可は何なのかというと、

※飲食店営業許可↓食品衛生法による許可で、申請先は管轄の保健所である。そして深夜も営業する場合、

※深夜酒類提供飲食店の届出↓申請先は管轄の警察の生活安全課が必要になる。そしてこれらの許可届出の場合、サービス行為は認められていない。

では、サービス行為とはどんな行為を指すのかというと、

※隣席する、お酌をする

といった行為を指すもので、ホステスも正確にはママも客の隣に座ることは認められていない。もし、そのような行為を行なう場合は、**風営適正化法**に基づいた許可が必要になるので注意がいる。では、喫茶店でビールを供進した場合、一杯目のお酌を立ったままでするのは、サービス行為になるのかという疑問が出る。この場合も立ったままならサービス行為にはならない。さて、スナックだが、これは今また人気がある業種に成りつつある。

この業種を開業したいなら、風営適正化法を勉強しておいた方がいい。

スナックの繁盛持続性の要因

スナックが繁盛し、その繁盛が持続したのはなぜなのか。第一に挙げられる要因は、ホステスのいるバー、クラブと比較すると、価格が手頃だったため、プライベイト・マネーで利用できたことにある。それでいて、クラブ、バーに近い楽しさがあるのだから、繁盛して不思議はない。

第二の要因になったのは、カラオケの普及とその人気である。カラオケがどれだけ人気があるのかは、カラオケルームの店数の多さを見ても分かろうというものである。スナックもこぞってカラオケを導入した。そして、これも当たったのである。

第三の要因は、深夜営業ができたことである。バー、クラブは風俗営業であるため深夜の営業は違反になる。バー、クラブで遊び足りなかった人の受け皿にもなっていたわけだ。つまり、スナックは繁盛する要因を持っていたわけだ。

だが、スナックがカラオケを設置、深夜を営業する場合には、注意しなくてはならないことがある。それは、防音対策で、近所から雑音で苦情が出ないようにしなくてはならない。

深夜酒類提供飲食店の届出用紙にも、どんな防音対策をしたのか、はっきり記載しなくてはならないことになっている。

銀巴里というシャンソン喫茶

東京・銀座にあったシャンソンをライブで聴かせる喫茶店が「銀巴里《ギンパリ》」である。銀座に石碑がたてられているが、日本初のシャンソンのライブハウスである。ここから排出されたシャンソン歌手は、それは多く、中でも大物中の大物は、

※美輪明宏（当時は丸山明宏）さん、**戸川昌子さん**

である。ここは連日シャンソンファンで賑わっていた。当時の丸山明宏さんは、眉目秀麗という言葉がピッタリの美男子で、シャンソンファンでない人もシャンソンファンにしてしまったぐらいある。そして、この「銀巴里」を愛した有名人は数多く、三島由紀夫さん、野坂昭如さん、寺山修司さん、吉行淳之介とさんいったビッグ・ネームが夜ごと集まり、シャンソンに耳を傾けていたそうだ。この「銀巴里」は、平成2年12月29日に店を閉めたが、大変な長寿店である。閉店のときは、「銀巴里さよならコンサート」が開かれ、この時、「銀巴里」のため作詞作曲された『いとしの銀巴里』が集まった人達で涙ながらに合唱された。

12月29日は、この名店にちなみ、シャンソンの日とされている。とにかく伝説の名店である。

ジャズ喫茶ACB（アシベ）

「銀巴里」はシャンソン喫茶の名店だが、この「ACB（アシベ）」はジャズをライブで聴かせる、ジャズの**ライブ喫茶**である。開業は昭和32年（1957年）で、所在は東京の銀座7丁目である。「ACB」の経営者は銀座の料亭『あしべ』の経営者で、この料亭は大物政治家、一流企業人に支持された料亭である。支持者達の応援があり、開店した300席を有する国内最大のジャズのライブ喫茶だったのだが、客足が伸びずにいた。そこに起きたのがロカビリーの流行である。

火付役はアメリカのロカビリー歌手エルビス・プレスリーで、日本では**平尾昌晃さん**、**ミッキー・カーチスさん**、**山下敬二郎さん**らがデビューし、ロカビリーブームが起きた。昭和33年2月、東京の有楽町にあった日劇で開催された、ウエスタン・カーニバルは日劇をグルグル巻きにするほどの人気だったのだ。「ACB」もこの人気にあやかって、前述の歌手達を出演させたところ、女学生が長蛇の列をなすようになったのである。したがってジャズ喫茶というより、ジャズ&ロック喫茶というべき店である。この店は喫茶には違いないのだが、メニューはアイスコーヒーしかないという店だった。実際にはアイスコーヒーすら出したくなかったのだが、法規制上やむなくアイスコーヒーを出したのである。

続々と誕生したジャズ喫茶

銀座に誕生した『テネシー』、『ニュー美松』も内容的には「ACB」と同じで、平尾昌晃さん、ミッキーカーチスさん、山下敬二郎さんらが出演していた。ともに「ACB」と同じく繁盛していた。このような喫茶店は何の許可で営業していたのかというと、食品衛生法の**飲食店の営業許可**で営業していた店が多いと言える。しかし本来ライブハウスの場合、**興行興場の許可**が必要なのだが、コーヒー等の喫茶メニューを構成し、それを売ることがメインということになれば飲食店の営業許可で営業できたのである。ただし、これが非常に微妙で、例えばステージを設けたりすると、興行場の許可を取るように指導される場合があるのである。興行場の許可は、飲食店営業と比べると、建築基準法、消防法等のハードルはかなり高くなるのが通例であるので、何とか飲食店の許可でということから、飲食物が提供されたわけだ。

営業許可には他にも不可解なものがある。それが一時一世を風靡したディスコで、ディスコも飲食店営業許可である。ディスコは深夜営業をしているが、深夜営業が可能なのは飲食店営業許可なのだから、その許可を取ることは納得できる。しかし、飲食店営業許可では当時、客にダンスをさせることは違反とされていた。ここはちょっと不可解な部分だ。

小説「太陽の季節」の影響

自民党の衆議院議員を経て東京都知事になった石原慎太郎さんが、「太陽の季節」という短編小説を発表した。内容は当時の裕福な家庭に生まれた若者の無軌道な生活ぶりを描いたもので、賞賛と非難が渦巻いた作品である。この本がきっかけで、

※慎太郎刈（髪型）、太陽族

という流行を生んだのである。翌年（昭和31年）映画化された「太陽の季節」で慎太郎さんの弟、石原裕次郎さんが端役で出演している。これが昭和の大スター裕次郎さんのデビュー作である。裕次郎さんは、その前から俳優を目指していたのだが、当時の映画会社、日活、東宝、大映のオーディションを受けたが、すべて不合格だったらしい。

「太陽の季節」に出演できたのは、慎太郎さんと水の江瀧子さん（ターキーの名で有名）の推薦があったからである。

その後、日活に入社。初主演作は、「狂った果実」で北原三枝さんとの共演である。その後、主演作は全てヒットして昭和の大スターとなった。この時期は他にも話題が豊富で、ダンスではマンボが流行り、髪型ではポニーテールが流行した。またトヨタがクラウンを発売したのもこの昭和31年である。

スパゲッティ・ナポリタン登場

これは、一世を風靡したパスタ料理の日本発祥である。発祥の地は横浜の**「ニュー・グランド」**という老舗ホテルであるとされている。太平洋戦争終結時、このホテルはアメリカのGHQ総司令部として接収されていた。日本は食糧難で、材料が揃わず、まともな料理が作れなかったのだが、ここはアメリカから食材を取り寄せることができた。取り寄せた中にスパゲッティがあり、それにトマトケチャップをかけて食べているのを見て、それをなんとかまともな物にできないかということで、それに玉ねぎ、ピーマン、マッシュルーム、ハムを加えて作ったのがナポリタンの始まりである。それが、数年で巷に広がり、喫茶メニューとなったようである。現代のスパゲッティは、ゆで上げで麺はアルデンテでなくてはとされている。

しかし、ナポリタンは、アルデンテは合わないようだ。したがって、これは事前ボイルしたものをフライパンで再加熱する調理法の方が向いている。そして今、このナポリタンの人気が再燃している。アルデンテに慣れた現代人達にとっては、うどんにも似たこのスパゲッテイに新鮮さを見い出したらしい。同時にかつてのナポリタンに郷愁を感じた中高年層に支持されたのが人気再燃につながったらしい。

スパゲッティは、店側にとっては有利な商品

喫茶店がスパゲッテイをこぞってメニューに構成したのには、それなりの理由がある。その理由の一つになるのが、サンドウイッチより食事色が高いからである。サンドウイッチの場合、食事色はうすく、どちらかというと、軽食・おやつ感覚が強いので、喫茶店で昼食をと考えている人達には不向きだったのである。そんな理由も手伝って、スパゲッティが構成されたと言っていい。第二の要因として上げられるのが、スパゲッテイは原料費率が低く、店にとっては有利な商品だったので、構成しやすかったわけである。

このように考えると、これは客にとっては『損』な商品だということになるのだが、それでもスパゲッティには人気があるのである。

さて、話は変わるが、紅茶についてである。コーヒーの原料費率が低いのは周知の事実だが、それよりもっと原料費率が低いのが、紅茶なのである。それでも紅茶は注文されるのである。

これでわかると思うが、客にとっては原料費率が高いのか、低いのかといったことはさして問題ではないのである。これらはそれにふさわしい**付加価値**を店が備えていれば、客は納得してくれるのである。

明るい喫茶店が増えた

戦後すぐの喫茶店というのは、暗い店が多かったはずだ。だが昭和35年（１９６０年）ぐらいからは明るい店が多くなってきたはずだ。これは世の中が明るくなったからというわけではなく、法規制によるものである。実は喫茶店は店内が**10ルックス**（ルックスとは明るさの単位）**以上**ないと営業できなくなり、**営業が深夜におよぶ場合は20ルックス**が必要となったためである。10ルックス以下の場合、実は**低照度飲食店**といって風俗営業の許可が必要になってしまうのだ。そのため、明るい喫茶店が増えたのである。ちなみに、10ルックスというのは、新聞が読めるという程度の明るさだ。

他にも風俗営業で定められているものには、いろいろなものがある。おもしろいものには椅子がある。椅子は全高が８００㎜以下となっており、これを超える高さのものは、見通しを妨げられるとして、許可されていない。つまり、背もたれが高いと、それに遮られ見通しが妨げられ、中で不穏な行為があるといけないからということなのである。

このような規制にした取り締まり対象は**同伴喫茶**らしい。当然、客席を高い衝立で仕切るので見通しを妨げるということで許されていない。

「ロイヤルホスト」がファミレスの一番手

昭和28年（１９５３年）12月にフランス料理店「ロイヤルホスト」中州本店開業。昭和34年（１９５９年）12月福岡市天神に洋食レストラン「ロイヤル」を開店。これが、ファミリーレストラン・チェーンの「ロイヤルホスト」の基礎になった店と考えられる。昭和46年（１９７１年）北九州市にファミリーレストランの1号店を開店している。これでわかるように、「ロイヤルホスト」は母体がレストランで、ファミレスの一番手である。この後を追ったのが、昭和45年（１９７０年）開業の「すかいらーく」、昭和49年（１９７４年）開業の「デニーズ」である。そして、その後は凄まじいまでの出店ラッシュになったのである。

なお、「すかいらーく」の母体は『ことぶき』というスーパーマーケット。「デニーズ」の母体はスーパーの『イトーヨーカ堂』である。

さて、当然だが、ファミレスもコーヒーをはじめとするソフトドリンクが構成されている。おまけにファミレスのコーヒーはお替りが自由になっている。しかも喫茶店のものより安いのだから、これが喫茶店に影響しないわけがない。喫茶店は逆襲として、より軽食に力を入れるようになっていったのはこの頃からである。ファミリーレストランは当然この3社だけではない。無数の会社がファミリーレストランに参入してきた。

30円で飲んだエスプレッソコーヒー

私が初めてエスプレッソコーヒーを飲んだのは、有楽町から帝国ホテル方面に抜けていく銀座ファイブという、高速道路下を利用したショップゾーンの中にあった店である。

昭和38年（1963年）当時、喫茶店のコーヒーは60～80円の時代で、そのエスプレッソコーヒーは確か30円だったと記憶している。安いと思い飲んでみたのだが、これが大外れだったのである。

エスプレッソマシンのメーカーはどこの物だったか覚えていないが、おそらくイタリアのマシンだったと思う。カップはデミタスカップではなく、レギュラーカップだった。飲んだ途端とてつもなく苦く、嫌な感じの味だったのである。2度とこのようなコーヒーは飲むまいと誓ったほどだ。この不味さはドリップとかサイフォンのコーヒーに親しんだ私にはとても納得できないものだった。

後日、エスプレッソマシンの輸入業者に聞いてみたところ「それは温度のせいです」という答えをもらった。熱源が電気なので、外国のマシンが日本の１００Vとは合わず、本来なら沸騰点の温度が必要なのに、そこまで温度が上がらないということが、その不味さを生んでいたらしい。

甘味喫茶店は女性に人気

「甘味喫茶店」は、喫茶店の業態としては日本ならではのもの。代表的な献立は、

※お汁粉、ぜんざい、和菓子、あんみつ、磯辺、お雑煮、抹茶、日本茶等
　である。この業種は和菓子店が副業として経営している場合が多い。客のほとんどは女性客で、男性客は女性と一緒でなくては入りにくい業種である。このような伝統的な甘味

喫茶にも、個性的な店が存在した。

例えば、新橋にあった「華屋」という甘味喫茶は、メニューがサービスされる時、口上が付いたのである。口上は芝居の名台詞とか、歌舞伎の名台詞をメニューにコラボレートさせたもので、これが聞きたいと甘味ファンが集まったのである。また、「折鶴」という甘味喫茶は、ウェイターが全員美少年だったことで有名だ。これは意識して集めたそうで、それが誘客能力を発揮したそうである。この店は現代の、

※執事喫茶、ボーイズ・バー

の原点になった店と言っていいはずだ。この時代から繁盛をものにするには、アイデアが必要だったわけだ。

赤線、青線の灯が消えた昭和33年

売春防止法が成立し、遊郭というものが廃止されたのが、昭和33年である。ここは唯一売春が認められた地域が東京で最も有名だったのが浅草の吉原、新宿二丁目遊郭である。

そしてこれには別名があり、これら遊郭の地域は『赤線地帯』と呼ばれていた。これは警察の地図にその地域が赤線で囲ってあったからである。そして実は『青線地帯』という

のが存在したのである。

赤線は公認なのだが、青線は非公認、つまり『もぐり』なのである。新宿の花園神社付近に花園街というのがあり、ここは有名な青線地帯である。赤線は特殊飲食店のカフェーの許可を得ていたのであるが、青線は飲食店の許可で営業していた。

この他にも白線地帯とか黒線地帯というのがあったようだ。白線というのは白人専用、黒線というのは黒人専用という説と、青線はなかば黙認されていたのに対して、白線は完全な『もぐり』で、黒線はバックが暴力団という説もある。赤線、青線が廃止されたことにより、売春は完全にアンダーグラウンド化し、街娼が激増したことは周知の事実である。ソープランドなるものが出現したのも赤線、青線が廃止されてからである。

便利だった電話喫茶

携帯電話が普及した今日では考えられない、各テーブルに電話が設置されている、**電話喫茶**なるものが出現した。店には交換台が設置され、交換手もいて、各テーブルの電話に内戦番号があてがわれていた。

当時、電話ボックスは数が不足していたため、利用順番待ちで列ができているのが普通で、かけるのには何分も待つというのが当たり前だったたし、喫茶店に入って赤電話をかける場合も、やはり順番待ちの状況だったのである。

そこに電話喫茶なるものが現われたのだから、これが便利以外のなにものでもなかったわけだ。この喫茶店はビジネス利用者にとっては非常に便利だったと言っていい。そのため、オフィスを持たず、ここをオフィス代わりに使っていたという人もかなりいたと言っていい。

そして、これが売春婦たちにもおおいに便利がられたのである。この電話が料金交渉等に使われたわけだ。しかも、この場合は摘発されるリスクもないのである。いつの世にも悪知恵のはたらく人たちはいるもので、結果ここが悪の巣窟にもなってしまったのである。

オリンピック景気で、20坪の店で1日コーヒー420杯！

昭和30年代の最大のイベントは、昭和39年（1964年）10月10日から24日までの東京オリンピックである。日本は、

※金メダル16、銀メダル5、銅メダル8を獲得した。金メダルは、体操、レスリング、ボクシング、ウエイトリフティング、バレーボール、柔道である。オリンピックの経済効果だが、当時まだ高値の花だったカラー

テレビが飛ぶように売れ、東海道新幹線が開通し、道路整備等の公共事業が活発化し、ホテルも新築ラッシュとなった。大変な経済効果だったと言っていい。当然、喫茶店をはじめとする飲食店もオリンピック景気にあやかって、結構潤ったと言っていい。

当時、東京・日本橋で20坪の喫茶店を経営していたオーナーの話では、コーヒー粉は毎日5～6キロを仕入れていたと述懐している。当時1杯のコーヒーには12g前後の粉を使用していたので5キロというのは、420杯前後のコーヒーが出たということになる。

店数が少なかったせいもあるが、朝から晩までひっきりなしに客が入っていたということで、まさに喫茶店経営の黄金期だったと言える。

現代人は知らないコーヒーアーンとは？

この当時の喫茶店は、繁盛していた店が多かったので、1日に提供するコーヒーの杯数も多かった。だから、コーヒーは、

※布濾しドリップで多人数分立て（20～30杯立て）

をしている店が多かった。そして立てたコーヒーを保温しながら、保存しておくのが、

この**コーヒーアーン**である。

コーヒーアーンの機器は**別掲6**の写真のようなものだが、写真は最新型なので、熱源が固形ランプになっているが、当時のものは熱源はガスバーナーを使用していた。

構造は中が2重のタンクになっており、外側タンクには熱湯、中側タンクには立てたコーヒーを入れるようになっていた。つまり、コーヒーを湯煎で温めておく機器なのである。

湯煎で温めているので、コーヒーの劣化とか、煮詰まるのが防げるという機器だったわけだ。コーヒーをサービスする時は、コックをひねれば適温のコーヒーが注げたのである。

もちろんコーヒーアーンを使用していない店もあり、そのような店は立てたコーヒーを手鍋で再加熱して出していた。これは数多い人が目撃しているはずである。

別掲6 コーヒーアーン

第四章

喫茶店の隆盛期

昭和40年～50年

喫茶店の店数は増加の一途。
チェーン店も増え、他業種との競合も高まった。

伝説の喫茶『談話室 滝沢』

都内の数箇所、駅前近くに出店していた「談話室　滝沢」のコーヒーは昭和41年（1966年）の一号店（新宿店）のオープン時1,000円、ケーキとセットで1,100〜1,200円。当時はまだ100円程度のコーヒーが一般的だったので、かなりの高さだと言っていい。だが、この値段で客に納得されていたのだから凄い。この店が**高級喫茶**の先駆者だと言っていいだろう。

では、この値段を可能にした要因は何なのかといと、その第一に挙げられるのが、とにかく快適な客席だったということである。全てがソファ席で座ったらお尻に根がはえ、帰れなくなる程だったということを覚えている。第二に挙げられるのは、従業員の接客である。

徹底した接客を実現するために、全員が正社員で、しかも全寮制で教育を徹底していたのである。第三として挙げなくてはならないのは、清潔性の徹底である。『滝沢』で通路にゴミが落ちていたり、テーブルに前客の汚れが残っていたり、トイレの手洗器、便器に水垢がついていたのは目撃したことがない。おつりで渡す札は新札だった。「滝沢」の社長がモットーにしていたのは、

※滝沢がお客様に売るのはコーヒーではなく、社員の人格・礼儀作法であるだったという。値段は高くても、それなりのことをやれば、客には納得してもらえるという好例店が「談話室　滝沢」だ。

ホテルのラウンジのコーヒーは高いのか

昭和40年代は、ホテルのラウンジでコーヒーを飲むとやはり、８００〜1,０００円と高かった。これは高いといえば高いのだが、おそらくこれを高いと感じた客はいないはずである。それは客席がそれは豪華で快適空間になっていて、接客が優れているからである。ホテルの接客サービスが、好きか嫌いかという諸説あろうかと思うが、きちんと教育されたマナーがそこにはあるはずだ。さらに、数々の仕掛けが施されている。もちろんホテルによって異なるが、ポットでサービスされるという仕掛けだ。これだとほぼ2杯分あるので、1杯は５００円だという計算をしてもらえるのだ。次に器に高級磁器が使用されているという仕掛けだ。「こんないい器で飲めるなんて」と満足感につながっていく。さらにコーヒーソーサーの下にもう一枚アンダーソーサーが敷かれている。段重ねという価値観である。日本人はこの段重ねに弱いと言える。このようなことが重なり合うことによって、1,000円のコーヒーは高く感じないのである。これを要約すると客は自分に対して『言い訳』が必要だということなのである。

例えば、『2杯分入っていたから』、『これだけいい食器が使われているのだから』、これで自分に言い訳ができ、納得できるのである。

軽食に力を入れる喫茶店が増え始める

スパゲッテイ・ナポリタン、ミートソースに端を発した喫茶店の軽食メニューの構成だが、どこに行ってもナポリタン、ミートソースということになると、これが誘客能力につながらなくなった。

したがって徐々に高度な食事メニュー、例えば、

①ハンバーグステーキ

②ローストポーク（生姜焼き）

等が構成されるようになっていった。新規開業する店はそれを意識して厨房を設計すればいいのだから問題ないのだが、既存店の場合は大変だった。新しい設備を追加して設置する場所がなかったからである。かといってリニューアルするには資金が必要なので、な

んとか現状設備でということになる。さらに、ここにもう一つ問題がある。それは調理技術の問題である。この頃から従業員はパート化が目立ち始めた。

パートに高度な調理をさせるのは、いかにも無理がある。そんなこんながあって、軽食の構成に完全に成功したのは、ごく一部の店に留まったようだ。

ファストフード(fast food)日本上陸

ファストというのは早いという意味である。したがって、ファストフードというのは、早く供進される食べ物の事である。昭和46年（1971年）に「ミスター・ドーナツ」、「マクドナルド」が1号店を開店している。ファストフードの代表格とも言える「マクドナルド」が1号店の場所として選んだのは、東京の銀座4丁目の交差点角の三越デパートの1階である。ハンバーガー80円、ビッグマック200円だった。このハンバーガーは日本には馴染みの薄い商品だったので、新しいもの好きの日本人がすぐ飛び付き連日大繁盛が続いたのである。そしてハンバーガーを歩きながら食べるのが流行したのだ。道徳にうるさかった日本では考えられない光景だったと言っていい。さすが「マクドナルド」だけに、大繁盛をものにしたと言われたものだが、線座4丁目の角というのは、日本一の好立地なのである。ここでやれるのなら、「マクドナルド」でなくても大成功したはずだ。

追っかけて出てきたのが「モスバーガー」で、場所は埼玉に近い成増。こちらは純国産のバーガーショップである。以後マックとモスはどちらが旨いかと、肩を並べるところまで成長した。「マクドナルド」も「モスバーガー」を意識していたようだ。

すかいらーく1号店

「ロイヤルホスト」と並び、ファミリーレストランの先駆者になったのが『すかいらーく』である。その1号店が甲州街道（日本の五街道の一つ）沿いの東京都国立市にオープンしたのが、昭和45年（1970年）7月である。当時アメリカのレストラン産業を視察する研修旅行が盛んだったが、それに参加し、レストラン産業に参加した。このような郊外型を選んだのは、当時日本では車が急速に普及し始めていたため、車客を狙うための郊外型が選択されたと言っていい。

店名の「すかいらーく」は、当初「スカイラーク」というカタカナの予定だったが、イメージが堅いということで、ひらがなになったそうである。この1号店で基本的なオペレーション等を確立し、その基礎が固まった後に多店舗に踏み切るのである。当時の「すかいらーく」には見習う点が数多いが、とにかく勉強熱心、研究熱心だったと言える。また、多店化する際に多額な資金を必要とするわけだが、それを解決するため土地のオーナーを口説き、土地に建物を建ててもらい、それを借りるという方法で解決しているのである。実はこの時期遊休している土地には多額の税金がかかるという税制も援護射撃にはなったが、とにかくこの方式を成功させたのである。このアイデアと、実行力は賞賛に値する。

デニーズ 1号店

『すかいらーく』創業後の昭和50年（1975年）には『デニーズ』が横浜市上大岡のイトーヨーカ堂（スーパー）の1階に1号店を開店した。『すかいらーく』の母体は『ことぶき食品』というスーパーで『デニーズ』は『イトーヨーカ堂』が母体である。「デニーズ」というのはアメリカのレストラン大手で、そこと提携しての開業である。

※『いらっしゃいませデニーズへようこそ』

これが客を迎えるときの言葉で、非常に心地よい響きがあったし、これがデニーズ・ファンを増やしていく要因になったと言っていい。どのファミリーレストランでも、メニュー構成、開発には力を入れていたが、「デニーズ」は特に熱心だったようである。それだけに、ソフトドリンクのメニューも充実していたようである。

時期を同じくして、コンビニの代名詞になった『セブン・イレブン』1号店が昭和49年（1974年）開店している。セブン・イレブンというのは営業時間、午前7時〜午後11時からきたもの。でも今は24時間営業の店が多く、セブン・イレブンではないが、『セブン・イレブン』というのはとてもフィーリングが良くさすがだと言える。

コーヒー専門店の出現

喫茶店のほとんどが軽食を構成するようになった当時だが、軽食を構成することによって、なんとなくコーヒーには力を入れていないのではないかという感じがしたのが、当時の一般的な喫茶店には漂った。これは、コーヒーファンにとっては淋しい限りだったと言える。そんな中「いや、当店はコーヒーに力を入れてますよ」と出現したのが、コーヒー専門店である。オープンカウンターがあり、客のオーダーがあってからコーヒーを立てる。そこには「コーヒーを大事にしていますよ」という雰囲気が漂うのである。これがうけて、コーヒー専門店はブームになったのである。当時のコーヒーの値段は一杯が80〜100円だった。ブームの火つけ役になったのがどの店だったのかは定かではないが、昭和45年

（1970年）に真鍋国雄氏が東京・神保町に出した「珈琲館」1号店からは急速にコーヒー専門店の店数は増えていったようだ。

当時のコーヒー専門店は、ほとんどの店がサイフォン立てで、ドリップ立ては少数だった気がする。メニュー構成は、ブレンドコーヒーが中心で、バリエーション・コーヒー、ストレートコーヒーとコーヒーメニューが充実していたが、軽食はパンメニュー（トースト、サンドウイッチ等）程度しか構成されていなかった。

コーヒー専門店が軽食を構成できない理由

サイフォンとか、ドリップで人数分ずつコーヒーを淹れているのがコーヒー専門店である。そしてそれが、大きな付加価値になっている。このような場合、コーヒーの抽出作業中はそれにかかりきりになるのが普通である。コーヒーを抽出しているところは、客から凝視されているので、抽出者はかなりトレーニングが必要である。このような場合は軽食メニュー、例えば、スパゲッティ、ピラフ、ピザ等の、メニューを構成するためには、従業員を増やさなくてはならないということになる。

さらには、軽食を充実させると、コーヒー専門とうたっている専門性も薄れてしまうのである。また軽食メニューの構成は、そのアイテムによっては、匂いという問題もある。まあ、いろいろな理屈があって、軽食は構成はしなかったのだと言っていい。

そして、この選択は間違いではなかった。コーヒー専門ということが、コーヒーの価値を上げ、味も心理面で良くしたのである。

日本人にはコーヒー愛好家が多い。だから、この作戦は大成功だったのである。それは、コーヒー専門店が大ブームになったことで証明されている。

結論が出ない淹れ方による味の差

コーヒーの淹れ方にはいろいろあるが、大きく分類すると、

①ネル・ドリップ↓片ネル布にコーヒー粉を入れ、上から熱湯を注いで抽出する方法

②ペーパー・フィルター・ドリップ↓紙製の濾し袋で濾す方法で抽出方法は①と同じ

③サイフォン↓サイフォンという器具を使用して抽出する方法

④ボイリング↓沸騰した湯にコーヒーの粉を入れ、暫時置いて濾す方法↓かつてはアイスコーヒーを抽出する時に採用していたが、今はほとんど採用されていない

⑤フレンチ・プレス↓フレンチ・プレスという器具を使用する抽出方法で、原理的にはボ

イリングと似ている
⑥ウォーター・ドリップ→専用機器を使用、熱湯でなく水で抽出する方法
⑦パーコレーター→パーコレーターという器具で抽出、煮出す感じの方法

等になるが、現代ではそのほとんどが①〜③の抽出方法になる。味は、諸説あるが、どれが一番美味しいかという結論には至っていない。しかしプロの大方の意見としては、片ネル・ドリップが一番だと言う人が多い。

ペーパー・フィルターにも種類がある

コーヒーを抽出するペーパー・フィルターの方法は、ドリッパー器具にペーパー・フィルターをセットしてコーヒーを抽出するのだが、器具は台形型と円錐型がある。

台形型のドリッパーは、ほとんどの店がカリタ製かメリタ製の器具を使用しているのが普通である。また、最近は家庭でも使用しているが、それもほとんどが、カリタがメリタである。フイルターはカリタ、メリタともに一緒だが、ドリッパーには違いがある。カリタはコーヒーが落ちてくる穴が3個なのだが、メリタは1個である。2つを比較すると、メリタは穴が3個なのでコーヒーが少しだけ落ちるのが早く、カリタよりややさっぱりし

た味になるはずだ。

次に円錐型のフィルターだが、これはハリオまたはコウノ、キーコーヒーのドリッパーを使用している。円錐型は注ぐ湯の量のコントロールで味を加減できるので、スペシャルティコーヒーの抽出に活用する店が近年は増えている。

次にフィルターの色だが、ベージュと白とがある。ベージュは無漂白の物で、白は漂白しているという違いであるが、無漂白の方は木の香りがわずかだが残っている。コーヒーは香りを楽しむものでもあるので、できれば漂白したフィルターの方がコーヒーの香りを損ねないと言える。

チェーン店が多くなったのも、この頃から

ドトールコーヒーが「コロラド」の1号店を開店したのは、昭和46年（1971年）だ。コンセプトは、

※健康的で明るく老若男女がともに親しめる店

である。それだけに店は明るい雰囲気に満ちていたと言える。ドトールコーヒーはコーヒーの卸売が本業である。そのせいもあって、産地別のコーヒーを売り物にしたり、コー

ヒー豆の挽き売りも行ない、それが結構支持されたと言っていい。

なお、「コロラド」は最初からフランチャイズ展開を行なうという企画で、それが着実に実行されたことは言うまでもない。10年後には実に280店舗のチェーンなっていたのである。チェーン店のはしりだったと言っていいはずだ。

さてコーヒー豆の挽き売りだが、この時期のコーヒー専門店はほとんどの店が挽き売りをやっていたと言っていい。そんな中にあって、東京・銀座の『蘭豆（ランズ）』はコーヒー豆の挽き売りを頑なに拒んだ店として有名だ。

「蘭豆」に言わせると、コーヒーの豆にも鮮度が必要なので、その鮮度を維持しながら挽き売りをする自信がないというのが理由なのだ。これも正しい理論と言える。

AVに染まった銀座

AVといっても、アダルトビデオではなく、「アマンド」と「ビクトリア」である。共に洋菓子メーカーであるが、ケーキの売店に喫茶店を併設していた**洋菓子喫茶**でもある。銀座のクラブでは、常連にお土産を持たせるという風習があった。それに多用されたのが、「アマンド」と「ビクトリア」の洋菓子だったのである。どちらかというと「アマンド」

の方が、店づくりが派手だったので有名だったようだ。「アマンド」が店に使用していたピンクはアマンド・ピンクと言われて、アマンド・カラーと言われている。この「アマンド」の中で最も有名なのが、東京・六本木の「アマンド」で、六本木交差点の角にあるためわかりやすく、待ち合わせの名所とされている。

※『じゃ、六本木のアマンドで7時に』

と六本木で待ち合わせる場合、これが合言葉にもなっていた。でも、実際にはこれは正しくなく、

※『じゃ、六本木のアマンドの前で○時に』

というように「前で」の方が多かったようだ。今でも待ち合わせで賑わっている。

洋菓子にも流行がある

ケーキと辞書を引くと「洋風の生菓子、甘くて美味しいもの」となっている。そしてケーキといえば、フランス菓子である。確かに甘くて美味しい。だが昭和46年頃から、

※ここのケーキは甘くなくて美味しい

というのが褒め言葉として多くなった。女性のダイエット志向が強くなったためである。

しかもフランス菓子は小ぶりなのに対して、それよりボリュームのあるアメリカンとかイタリアン・タイプのものが人気になり始めたのが、この頃からである。またフレーバーとして使う物も高級な洋酒が使用されるようになったのが特徴である。ケーキに使われた洋酒は、
①アルマニャック・ブランデー→フランスのアルマニャック地方で産するブランデーで日本ではコニャック・ブランデーの方が有名だが、香りはアルマニャックの方が優れている
②カルバドス→ブランデーといえば葡萄が原料とされているが、カルバドスは林檎を原料にして作ったブランデー
③コアントロー→ブランデーにオレンジの香りを浸出したリキュール
　等が使用されるようになり、より高級感が増したと言っていい。

列島改造論と喫茶店

　日本の歴代総理大臣の1人、田中角栄が昭和47年（1972年）6月に発表した政策要綱が列島改造である。人、金、物の流れを巨大都市から地方に逆流させることを主旨とした政策が列島改造論である。柱となったのは、新幹線を含む鉄道の充実、高速道路網の充実である。これによって列島改造景気が誕生したのである。後日、アメリカの航空会社ロッ

キードの賄賂事件で、逮捕されることになり政治家の生命は絶たれるも、歴代総理の中では、アイデア、実行力、行動力は最も優れていたと言っていい。

また、田中角栄は名うての『人たらし』としても有名だ。話術で、そして金力で、次から次へと自分の味方にしていったのは有名である。

そんな列島改造論が何で喫茶店と関係があるのかと思うかも知れないが、実は多いに関係があるのである。

喫茶を含む飲食店というのは、立地として選べるのは繁華街とかビジネス街だったのだが、列島改造により、選べる立地が増えたのである。今ほどではないが、それまでは難しいとされるような立地も選択できるようになったのだ。

靴が絨毯にめり込むトイレ

コーヒー専門店が隆盛を極めていた昭和40年代は、高級化した喫茶店が増えたのも一つの傾向である。例えば、東京・原宿にあった店は25坪程度の店だったが、トイレがそれは豪華だった。

まず、大きさだが、2坪ほどの広さがあり、そこにはヨーロッパの上流階級の家にある高級な便器と、総大理石張りの洗面台と、便器と同じような、いかにも高級な洗面器が設置されていた。これだけでも凄いのだが、このトイレは靴がめり込む程の分厚い絨毯が敷いてあったのである。初めて入った人は思わす絶句するトイレだったと言える。当然、内装も押して知るべし豪華だった。

また、東京・乃木坂にあった喫茶店は、壁はジャモンという大理石張りで、テーブルは全てオニキスの一枚板という大理石である。このオニキスというのは、数ある大理石の種類の中では最高級のもので、宝石の部類に入るぐらい高い石である。初めてやって来た客は、模造品だろうと思うのだが、本物はどこか違うので、本物と気付き、感激するのである。

このように店づくりに金をかけた店は、多少売値が高くても客には納得してもらえるのである。その心理は、この贅沢な店で過ごせたという満足感の成せる技である。

プロの技術があれば強い

客は見てないようで見ている。例えば、更衣室が汚かったとか、植木の葉が汚れていたなどと言われれば、実は喫茶店失格である。オープン・カウンターで、コーヒーを抽出している場合、これは見られるべくして見られている。それなのに手付きがぎこちなかったり、動作が緩慢だったりすれば、いくら美味しいコーヒーを供していても、客に納得してもらえない。

このように言うと、『でもパートにやらせているので、ある程度は仕方がない』と言い訳をする。こんな言葉は、店側だけに通じる言い訳としか言いようがない。客にとっては、パートがやっていたとしても同じ金額を払うのである。

したがって、パートにも抽出等をやらせるなら、トレーニングしなくてはならないのである。でも、なかなか技術は身につかないのではと反論が出る。実はそんなことはないのである。ある店では、サイフォンのフラスコに熱湯を注ぐ練習をさせたのだが、最初の3日ぐらいはぎこちなかったのに4日目からはかなりスムーズに注げるようになったのだ。その上7日目にはフラスコからかなり離したところからでも湯を注げるようになったのである。この技を見た客は全員が「さすがプロは違う」と言ったのだ。

モーニングはもっと検討の余地があるのでは

モーニング・コーヒーを頼んだら、トースト、サラダ、ハム・エッグ、フルーツ、ヨーグルトが付いてサービスされた。これでもかというくらいの物が付いているのである。これが名古屋のモーニングなのである。これでは家で朝食なんか作っていられない。これに比べたら東京のモーニング・サービスは質素な限りだ。でも名古屋のモーニングで利益は出るのか。「とても利益など出るものではない」とモーニングをやっている経営者全員が言う。では、やめた方がいいのではと言うと、他の店もやっているのにやめられる訳がないと言うのである。

この名古屋流モーニング・サービスは名古屋が発祥なのかというと、どうやら発祥地は、愛知県一宮市もしくは豊橋市らしいのである。

この、モーニング・サービスは、全国的なものである。だが、名古屋と周辺地域は別にして、『いいね』を押せるものは少ない。トーストとか、茹で玉子とか、ありきたり過ぎる物しか付いていない。モーニング・サービスをするというのは、その時間の客数を増やしたいからというのが目的のはずだ。だったら、もうちょっと考えて客が喜び、頻繁にやって来たいという物にしなくてはならない。

喫茶店の経営を教える学校は花盛り

昭和40年代に入ると、喫茶店を経営したいという人が増えてきた。それも今までは喫茶店は水商売だと言っていた未経験者が希望者の大半だったと言っていい。東京には日本喫茶学院、大阪にはアカデミー喫茶学校があり、この喫茶店の学校は希望者が殺到したのである。

日本喫茶学院は、午前、午後、夜間と授業があったのだが、定員40名はどの時間も満員の盛況だった。しかも1・5ヶ月で卒業していくので、年間の卒業生は９００人いたのである。大阪はどうだったのかというと、東京を凌ぐ程だったと言っていい。

どんなことを教えていたのかというと、

①開業のための知識
②開業後の経営管理の方法
③接客サービス実技
④喫茶調理実技

を教えていたのである。内容的にはかなり充実したものであったと言える。このような学校は、名古屋、九州、北海道にも誕生している。

変わり種の喫茶店

東京・銀座にあった喫茶店に、おもちゃ屋（ぬいぐるみ中心）と複合させた喫茶店があった。まわりは高級なバー、クラブがひしめいている地帯である。喫茶店は、ごくごく普通のメニューで、それが差別化につながるような店ではない。では、接客サービスが飛び抜けていいのかというと、そんなこともない。だから、繁盛している様子も見られないが、高い家賃を払っているのに、経営が行き詰っている様子など微塵も感じさせないのである。それどころか、それは大きな利益計上を果たしていた店なのである。そのからくりは何なのかというと、バー、クラブに勤務するホステスに売った『ぬいぐるみ』を買い取るというのが、そのからくりだったのである。ホステスはチップが欲しくても、お金を頂戴とは言いにくいし、それは銀座のホステスとしてはプライドが許さない。だが、客とその喫茶店で待ち合わせて『ぬいぐるみ欲しい、買って』なら抵抗なく言えるのである。買ってもらったぬいぐるみは、後でこの店が80パーセントの値段で買い取るのである。これは、すぐクチコミにつながり、ぬいぐるみはどんどん売れたのである。しかもついでにお茶も飲んでくれるのだから、喫茶の売上げも増えていったのである。これの善悪は別にして、大したアイデアである。

ファミリーレストランの喫茶利用は結構多かった

　喫茶店の競合店、これは喫茶店だけなのか。この答えは否である。昭和50年代の喫茶店の競合店は、喫茶店に加え、ファストフードも競合店なら、ファミリーレストランも競合店だったのである。ファミリーレストランが、メインの客層にと考えたのは、

※ヤング・ファミリー層

である。では、その狙い通りいったのか。もちろんヤング・ファミリーは狙えたのだが、

※ファミリーではないヤング層、ミドル・エイジ層

が、以外に多かったのである。それらの人達は、このファミリーレストランが車が止められる、軽食喫茶として利用したのである。喫茶店が軽食類、完全な食事メニューに力を入れざるを得なくなったのは、ファミリーレストランの増加が一つの要因だと言ってもいい位なのである。

　でも、これはファミリーレストランに軍配が上がった。さらにコーヒーはお替わり自由なのだから、飲み物でも負けていたのである。当時の若い人達は、喫茶店に行ったことが

ないという人がたくさんいた。では、「どこへ行くのか」と聞くと、ほとんどの人はファミリーレストランと答えたのだ。喫茶店はファミリーレストランに無い何かを探すべきだったのだ。

コメダ珈琲店

「コメダ珈琲店」が創業したのは、昭和43年（1968年）1月で、場所は名古屋である。この時は個人店としての出店で、店名の由来は創業者の家業が米屋で、名前が『コメ屋の太郎』をもじったものである。昭和45年（1970年）にフランチャイズ1号店をオープンさせ、フランチャイズを本格化したのは平成5年（1993年）で、現在は800店を超える店数になっているが、自営店はわずか10数店しかない。この業態の他に、

①甘味喫茶『おかげ庵』

②高級喫茶『吉茶』

も経営している。メニューは、コーヒーを始めとするソフトドリンクとパンメニュー（トースト、サンドウイッチ）が主体で、米飯（カレー、ピラフ）、スパゲッティの類は構成されていない。また、フランチャイズなのに、マニュアルといったものは存在せず、各

店のオーナーがよしとする方法で営業されている。だから、どの店も同じということにはなっていない。また、アイスコーヒーは最初から砂糖が入れられている。だが、それでも客に支持されているのだから、実は凄いのである。

支持されている原点になっているのは、店作りの付加価値の高さらしい。

第五章

喫茶店の分化現象

昭和40年〜50年代の
喫茶店隆盛期の別の側面。

車の普及と喫茶店

昭和40年代、車がかなり普及してきた。同時に脚光を浴び始めたのが、**車客**を狙う喫茶店である。最初は観光地に行き来する道路沿いに出店する完全な郊外型だったのだが、中心部に近い郊外に移っていったのである。これらは、郊外型と比べると、高級化されたものが多かった。

例えば、名古屋の『八事《やごと》地区』、大阪は『千里ニュータウン地区』、東京は世田谷の『用賀周辺地区』に続々と誕生したのである。中でも東京の世田谷は、『玉川通り（国道246）』に面し、周りは高級住宅街といったこともあって高級化された店が多かった。例えば、滝まで設えた庭園が付帯しているという豪華さだったのである。これらの店は、タイトルはレストランとなっているのだが、一部の店は高級な喫茶店だったと言っていい。客もそのような利用の仕方をしていたと言っていい。これらの店は結構、長続きしたのだが、ファミレスが続々誕生したことと、ファミレスより多少高級な『カジュアル・レストラン』が出店し始めたことにより、それらと同等の利用の仕方に変わっていったと言っていい。

このように高級な店は、実は出店する地域のイメージ、街の格がないと納得してもらえないのも特徴の一つである。

スペース・インベーダーと喫茶店

昭和53年（1978年）に㈱タイトーが発売したのがスペース・インベーダーである。画面上部から押し寄せてくる敵キャラクターを撃ち落として行き、時々現れるＵＦＯを撃破すると、ボーナス点が加算されるというゲームである。これが、たちまち大ヒットになったのである。そして、喫茶店とかスナックのテーブルが、このゲーム機になったのである。

東京・市ヶ谷にあった30坪の喫茶店は、客足が伸びず悩んでいたのだが、5卓をインベーダーのテーブルに変えてみたら、たちまち客足が伸び始め、5台しかない台は奪い合いになったのである。思い切って全テーブルをこの台に変えてから、朝11時から夜11時の閉店まで、満卓が続いたそうである。喫茶の売上げもかなり増加したのだが、ゲーム機器に入るゲーム代は、喫茶の売上げの10倍はあったそうである。当然、機器は入手困難になりプレミアが付き、それでもなかなか設置できないのである。いつブームが去るのかは誰にもわからないのだが、中には不幸な店もある。やっとの思いで機器を入手したら、ブームが下火になってしまったのである。このような流行りものは「この頃あれが良さそうだ」ということで真似してはならない。その時はもう遅いのである。

『ノーパン喫茶』なる喫茶店の出現

いかにも卑猥な響きのある喫茶店である。昭和54年（1979年）前後、京都市の西賀茂地区が発祥とされている。この喫茶店は、ウエイトレスのコスチュームが、ミニスカートで、下着は付けず、パンティ・ストッキングをはくというものであった。だが、段々エスカレートしていき、ストッキングもはかないで、トップレスというコスチュームになっていったのである。だが、見えそうで見えないのが、このコスチュームである。当然、ウエイトレスの時給はかなり高く、そのため当時一般的な喫茶店のコーヒーは250〜300円だったのに、**ノーパン喫茶**のコーヒーは1杯1,500円前後の店もあった。最盛期には、東京で200店舗、大阪で150店舗はあったようだ。東京・新宿のノーパン喫茶のウエイトレスのイブさんは、テレビで紹介され、日活ポルノ映画にまで出演したくらいで、喫茶店そのものの人気が増し、店数はどんどん増えたそうだ。しかし営業方法は、どんどんエスカレートし、酷い店はサービス行為まで行なってしまい、風俗営業法の改正もあったため、短命に終わってしまったのである。

後日ノーパンしゃぶしゃぶといって、ウエイトレスがノーパンという「しゃぶしゃぶ店」もあった。これが接待に使われたことが、かなり評判になった。

コーヒー専門店の高級化

昭和50年代（1975～1984年）、**コーヒー専門店**のブームは相変わらず続いていた。そして、コーヒー専門店もどちらかというと高級店化していったようだ。その一環として、自家焙煎に踏み切った店も多かったようである。この当時の焙煎機械はかなり進化して、焙煎がやり易くなっていたが、焙煎機はあるメーカーが独占に近い状況だったので、1キロ釜の焙煎機で150万円前後、3キロ釜の焙煎機で200万円前後の設備費が必要になる。かつ、その焙煎機を置くスペースが店内もしくは別の場所に必要になる。少なくとも1・5から2坪前後が必要になる。当然その分の家賃が必要になる。

もし焙煎機を設置した自家焙煎のヒーヒー専門店を開業したいというのであれば、これらの点を踏まえ、計画を立てていかなくてはならない。

では、自家焙煎をした場合、メリットはあるのだろうか。第一のメリットは、コーヒー豆の仕入値は、焙煎豆を仕入れた時の2分の1になるので原料費率的に有利になる。

第二のメリットは、客に与える印象が良くなるということである。客は自家製という言葉に反射的に心を寄せる面を持っているということだ。この付加価値は、コーヒーの売値が高くても客に納得してもらえるということになる。

お茶の専門店の出現

コーヒーの専門店と並んで出現してきたのが、**紅茶専門店、日本茶専門店、中国茶等の専門店**である。だが、日本茶と中国茶の方はなかなか人気が出ないようで、人気が高いのは紅茶専門店であった。だが、コーヒーと比べると、紅茶ははるかにファン層が少ないと言っていい。それだけに、繁華街およびそれに準ずる立地とか、高級住宅街を背景にした駅そばといった立地に向き、どんな立地でもできるという業種ではない。かつコーヒー専門店は、男性客が多いのに対して、紅茶専門店は女性客の支持になる。また、コーヒー専門店より単価が高いのが一般的な例である。例えば、紅茶専門店がメニューに構成している、P148の別掲7のようなアフタヌーンティーセットなどは、ケーキ、サンドウィッチといった食べ物がセットされているのだが、安い店でも1,500円、高い店だと2,500円程度は普通だと言える。この値段なのに、これが結構売れるのである。誰がこれをオーダーするのかというと、奥様族が中心である。奥様族と言えば、この人達のパワーは凄い。ご主人は500〜800円のランチを、それでも高いと思って食べているのに、奥様は3,000円を超えるようなランチを平気で食べている。もし奥様族が狙えるような立地なら、狙わなくては損なのが奥様族だ。

さて紅茶だが、これは果たして高い金を出すだけの美味しさという価値があるのだろうか。実は淹れ方次第では、コーヒーより美味しいと言ってもいい位なのである。

美味しく淹れるコツは何なのかというと、それは茶葉を熱湯に浸してからの時間にあるのである。最低4分程度ないと、タンニンが抽出されないので美味しくならないのだ。茶こしに茶葉を入れ、上から熱湯を注ぐといった淹れ方では、タンニンなど抽出されておらず、単なる色つきの湯でしかない。

なお、紅茶の淹れ方は、大きく分けると、

①ポットだて↓ポットに茶葉と熱湯を入れ蒸らして淹れる方法
②鍋立て↓鍋に熱湯を沸かし、火を止め蒸らして淹れる方法

がある。どちらが美味しいかは微妙だが、有名になった紅茶専門店のほとんどは、鍋立てだったようだ。なお、ティーバッグで淹れている店もある。これは手間がかからず便利なのだが、結果、

別掲6　アフタヌーンティーセット例

客がティーバッグを引き上げるわけだから、せっかちな日本人は4分も待っていられないので、美味しい紅茶にはならないのである。専門店だとこれでは価値感も低いので納得してもらえないはずである。

カフェの分化現象の一つがディセール・ハウス

昭和50年代に起きたことの大きなものは、分化現象である。その一つがディセール・ハウスという業態である。どんな業態なのかというと、フランス料理等のデザートで供されるデザートをさらにアレンジした、スイーツが中心メニューになった喫茶店である。有名なのは、東京・銀座の『ぶどうの木』である。
※タイトルは『ディセール・ハウス』

この業態の特徴は、布ナプキンとナイフ、フォーク、スプーンがセットされていた、そこに10インチのプレートに盛られたデザートがサービスされるという、フランス料理店さながらのサービスだったことである。デザートは８００～1，５００円、プラスしてコーヒーとか紅茶をオーダーすることになる。デザートの内容は、アイスクリーム、フルーツ、生クリームで飾られたデザートで、それにデザートソースがあしらわれた一皿である。

同じようなメニューが従来からの喫茶店にもあった。それはパフェとかサンデーなのだが、お洒落感がまったく異なるのである。たちまち、『クチコミ』が発生、いつ行っても女性客で一杯という状況になったのである。

女性客ばかりなので、この店は男１人ではとても入り難い。必ず女性を同伴して行くという傾向だった。

フルーツ・パーラー

フルーツ・パーラーとは、

①アイスクリーム・デザート↓パフェ、サンデー、ロイヤル等
②フルーツ・デザート↓フルーツ・ポンチ、フルーツサラダ等
③菓子系デザート↓プリン、ゼリー、ババロア等
④その他↓クレープ、パンケーキ、ワッフル、フルーツとのコラボ等

を主商品とした、喫茶店の業態の一つで、日本では歴史のある業態である。もちろん、コーヒー等のソフトドリンク等もメニューに構成されている。

フルーツというのは、仕入れ値は高いものである。そのため、この業態は果物店が経営している場合が多い。この業態で他店と差別化を果たして行くには、フルーツの調理、例えばフルーツの飾り切り等が優れている必要がある。飾り切りされたフルーツは、商品価値を大幅に上げてくれることになる。

フルーツ、野菜等の飾り切りについては、結構数多い参考書がある。したがって、それらで学び技術向上を目指したい。

客数が狙えない時代に突入

昭和50年代後半頃から喫茶店は客数が狙えないという時代に突入している。なぜ客数が

狙えなくなったのかというと、それは競合が激化したからである。客数が狙いにくくなった喫茶店がやれることは、客単価を向上させることである。では、客単価を向上させるのには何をやればいいのかというと、

①食事メニューを充実させる

②アルコールドリンクを構成する

である。コーヒーとか食事メニューは実は『おかわり』は期待できない。コーヒーだって金を払って『おかわり』はしないはずである。その点、アルコールメニューは『おかわり』が期待できる。むしろ『おかわり』をしない方が稀だと言ってもいいはずだ。ということは、アルコールメニューというのは客単価向上には打って付けのメニューだと言える。そしてそれを構成したのが、**カフェバー**なのである。だが、このカフェバーは上手くいかなかった例も実は多いのである。なぜならば、ただアルコールメニューを構成しただけに留まったからである。

カフェバーに必要なカフェバーの店づくりと営業方法

カフェバーの店づくりとして必要なことは、昼と夜の雰囲気が変化することが必要だ。

そのためには、ダブル・シーンになる工夫がいる。例えば昼と夜との照明を変えるとか、夜になったら、それらしいロールスクリーンが壁面を覆うとか、方法はいくらでも考えられる。

次に必要なのは、カウンターバックに洋酒棚が必要である。これが結構、夜の雰囲気を出してくれるインテリアデザインにもなる。昼の営業中は気になるというのなら、照明をカットするとか、それが隠れるようにもできるはずだ。

次に必要なのは、カウンター席がある場合は、バーテンダー（カウンターマン）と、客との間に会話が発生することである。ということは、ある程度の会話が交わせる人員が必要だということになる。さらに、客からは酒についての質問が出る。質問される度に「存じ上げません」ばかりの答えでは、とても客からは信用してもらえない。

したがって、酒の知識を吸収しなくてはならないし、身のこなし、手つきについても研究し、それをトレーニングをしなくてはならない。つまり、こうしたことが成されなくてはアルコールは売れないのである。

ハイカウンターとローカウンター

コーヒー専門店の場合で、カウンターに席をづくるときは、カウンターの高さは比較的低く900㎜程度のものが多い。これは経営者達が高いカウンターは座りにくいのではと考えたからである。一方、バーの場合はどうかというと、1,050～1,100㎜のカウンターがほとんどなのである。でも、バーの客でカウンターが高くて座りにくいと言った客はまずいなかったのである。つまりカウンターは高くても、それが座りにくさにはつながらないのである。

さて、低いカウンターであるが、これには欠点がある。第一の欠点はカウンターマンと客との目線が悪いという点である。客席が低いため、カウンターの中から客を見下ろすようになるわけだ。

次に挙げられる欠点は、**別掲8のA**のように高いカウンターの場合は、カウンターの下のスペースも使えるのだが、**別掲8のB**のように低いカウンターの場合は厨房設備を点線位置にしなくてはならず、そこが完全にデッドスペースになってしまう。もちろんこれはカウンター内を掘下げれば解消するが、ビルの場合はそれは不可能に近い。どうしても低いカウンターというのなら客席側を床上げするよりない。この場合カウンター席部分の天井は低い感じになる。なのでカウンターは、ハイカウンターの採用の方が有利だということになる。

別掲8　カウンターの高さと営業上の問題

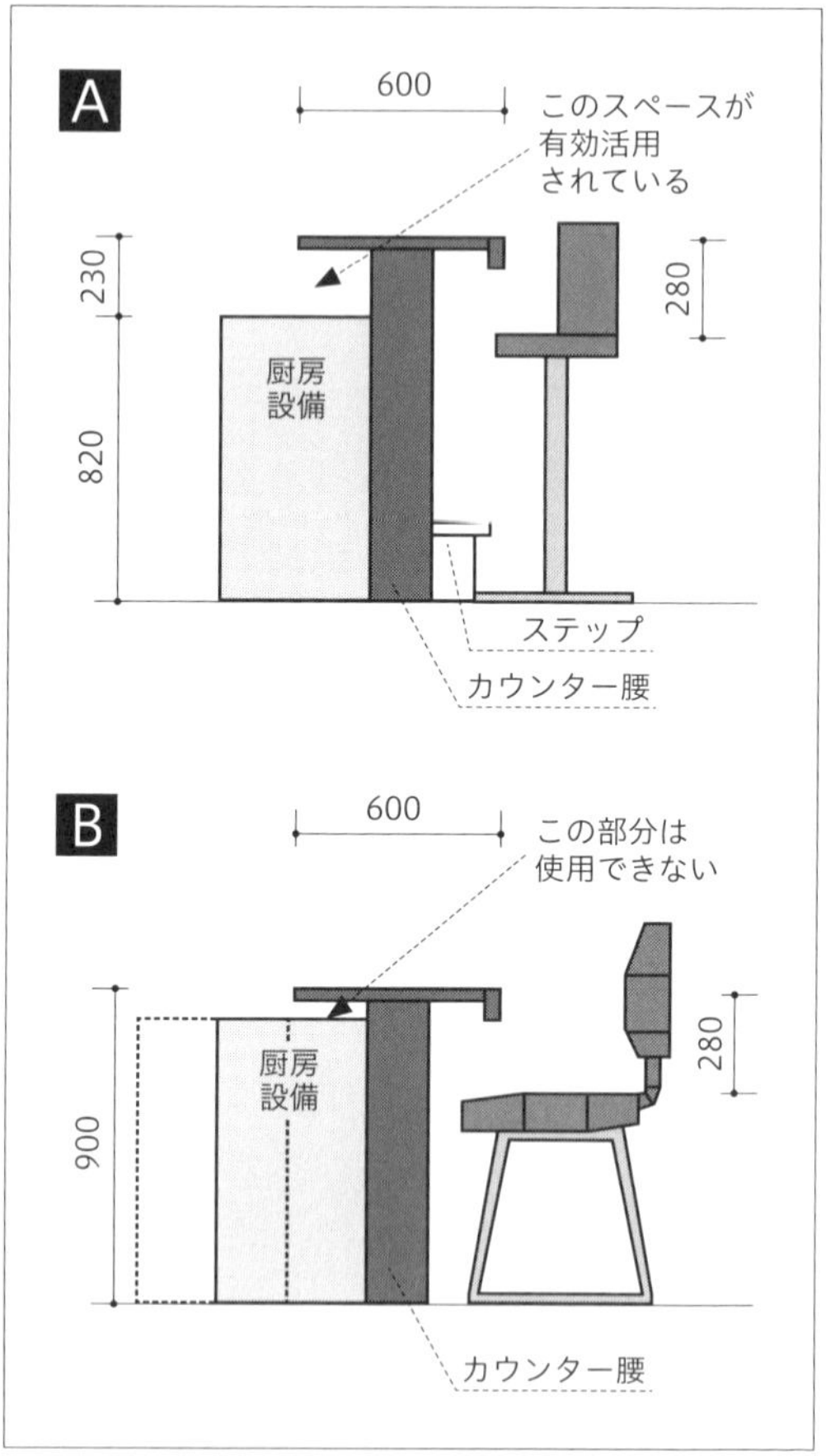

女性の社会進出と店づくり

昭和60年（1985年）に男女雇用均等法が制定され、女性の社会進出が目立ち始めた。

飲食店の合言葉は『女性客狙い』である。

では、喫茶店の場合、女性客を狙うためには、何をしたらいいのかというと、それはいろいろあるのだが、まず第一にはメニューである。女性の永遠のテーマは、『痩身、美顔』である。したがって「太らない」とか、「お肌にいい」といったことをテーマにしたメニューが必要である。さらに『お洒落感』というのが必要である。ということは、器使いとか、盛り付けが重要になる。次に女性が弱いのが『おまけ』である。例えば、ポイントカード等に弱いので、それを利用するといい。さらに、店づくりにも配慮がいる。

女性は不潔を嫌う。最もこれは男性も同じだが、清潔が維持できる店づくりを果たす必要がある。特に、カウンター回りとかトイレには気を遣わなくてはならない。なお、できれば店づくりには女性らしさを出したい。そこで考えたいのが、アール（曲線）を意識することである。

例えば、テーブルの一部に丸テーブルを使うとか、カウンターにアールを使うとか、ドアの欄間にアールを使うと、女性らしさは強調されるはずだ。このようなことは、車のデザインとか、マンションのデザインにも応用されている。

「プロント」はカフェバーだと言っていい

多店舗展開している「プロント」はセルフサービス・カフェの喫茶店である。「プロント」が「スターバックス」、「タリーズ」等と違うのは、この店は、昼はカフェだが夜はショットバーになるところだ。母体は大手洋酒メーカーと大手コーヒー卸業者である。

昼の営業は、セルフサービスなのだが、夜の営業はフルサービスになっている。夜はコーヒーの値段も高くなっている。さらには、ランチや夜の軽食メニューにスパゲッティを構成しているのも特徴といえる。

「プロント」の昼夜の切り替えはかなり徹底している。切り替えは、午後5時なのだが、午後5時になると、それまで飾っていた、パンとかケーキは格納され見えなくなるし、カウンターの喫茶店らしい棚の部分は完全に隠され、代わりに昼は隠されていた洋酒棚が現れるのである。

当然、照明もかなり暗くなるので、午後5時過ぎに入ると、昼の店とは全く違う雰囲気の店になるわけだ。表にはスタンドメニューがあるのだが、これも夜のメニューと交換されるのである。この徹底ぶりが支持され、夜もかなりの繁盛店になっている。

デザイン性が重視される

昭和60年代（1985〜1988年）の喫茶店に言えることの一つが、デザイン性の高い店が増えたことである。これ以前も豪華な店を作る必要はあったのだが、ただ豪華というだけではなく、デザインが良く、かつ豪華な店を作らなくてはならなくなったわけである。これは、日本人の生活が豊かになったことの証明でもあったと言えよう。

東京の渋谷、青山、六本木、といったお洒落で若者が集まる地域では、デザイン性が優れたカフェ、カフェバー、カフェレストランが誕生している。

例えば、「チャールストン・カフェ」、「オールドニュー」、「レッドシューズ」、「キーウェストクラブ」といった店がその代表格である。例えば、「キーウェストクラブ」は、経営母体がファッションメーカーの東京ブラウスだっただけに、そのお洒落でファッション性の高い内外装は大評判になった。真っ白な外観で、店内も全て白一色。公衆電話も白だった。映画のロケにも頻繁に使われ、実に観光バスまでがスポットとして採用したぐらいの店なのである。この時期からはカフェの店づくりには設計デザイナーが不可欠になったようだ。

昭和56年当時の喫茶店・スナック・パブの店名全国ベスト100

1981年（昭和56年）での全国132冊の電話帳、当時の全国喫茶業環境衛生同業組合・組合員名簿、月刊近代食堂別冊「喫茶＆スナック」の取材名簿、昭和54年度の商業統計調査を資料にして旭屋出版が集計。喫茶店・スナック・パブの業種の境があいまいな店も当時は多かったので、喫茶店・スナック・パブの店名として集計したもの。たとえば、「ジュン」「じゅん」は読み方は同じだが、表記が違うので区別して集計した。

順位	店名	店数
1	**ボン**	**435**
2	**ポニー**	**429**
3	**ジュン**	**398**
4	**モカ**	**374**
5	**フレンド**	**348**
6	**サン**	**323**
7	**チェリー**	**322**
8	**愛**	**316**
8	**エンゼル**	**316**
10	**田園**	**309**
11	ベル	294
11	蘭（らん）	294
13	道（みち）	292
14	ひまわり	289

順位	店名	店数
15	セブン	284
16	グリーン	277
16	藤（ふじ）	277
18	ふじ	267
19	ヒロ	260
19	モア	260
21	ラブ	255
22	純（じゅん）	253
23	ブラジル	249
24	和（かず）	244
25	たんぽぽ	241
26	エイト	239
27	泉（いずみ）	238
27	リーベ	238

順位	店名	店数
48	スワン	192
48	ポピー	192
50	プランタン	191
50	ゆき	191
52	サントス	190
53	バロン	189
54	バンビ	186
55	憩(いこい)	184
56	パール	183
57	キャビン	180
57	再会	180
59	マミー	178
60	コロラド	176
60	レモン	176
60	ロイヤル	176
63	クラウン	173
63	シャルマン	173
65	葵(あおい)	168
66	オリーブ	168

順位	店名	店数
29	白樺	237
30	ロン	236
31	エル	234
32	ロマン	233
33	富士(ふじ)	226
34	あい	218
35	カトレア	215
36	エリート	211
36	ドン	211
38	リオ	210
39	メルヘン	207
40	エデン	205
41	珈琲館	204
41	ジョイ	204
43	モンブラン	203
44	じゅん	200
45	幸(さち)	199
46	あすなろ	198
47	サニー	193

順位	店名	店数
86	ルナ	150
87	ポケット	147
88	紫苑(しおん)	146
88	レオ	146
90	ピノキオ	145
91	アップル	144
91	みどり	144
93	フジ	142
93	マリモ	142
95	ブルボン	141
96	カトレア	140
96	ポプラ	140
98	桂(かつら)	139
98	ホワイト	139
100	エリカ	138
100	潤(じゅん)	138

順位	店名	店数
66	マロン	168
68	フェニックス	166
68	K(ケイ)	166
70	園(その)	164
71	エコー	162
71	プリンス	162
73	峰(みね)	161
74	オアシス	160
75	シャレード	158
75	白鳥(はくちょう)	158
77	イーグル	157
77	くるみ	157
79	琥珀(こはく)	155
80	いこい	153
80	京(きょう)	153
82	タイム	152
82	ポエム	152
84	アポロ	151
84	チロル	151

第六章

喫茶店混迷期

バブル景気とともに、
喫茶店の開業資金も急高騰。

バブル景気突入

バブル景気が始まったのは昭和62年（1987年）である。土地はどんどん値上がりするし、マンションも急速に値上がったのである。

土地を買うとかマンションを買うといった場合、金融機関はなかなか首を縦に振ってもらえなかったのに、好景気が定着し始めたら、金融機関は進んで融資してくれたのである。それも、買う不動産の全額を貸してくれたのだ。通常金を借りる場合は担保になるものが必要なのだが、担保価値というのは80％というのが常識で、その価値の80％が貸付の対象になるのが常識だった。ということは、時価5,000万円の不動産なら、担保価値は3,200万円にしかならないのに、5,000万円の不動産で5,000万円貸してくれたのである。このようなバブル景気で銀座のクラブでは、レミーマルタン（フランスの高級ブランデー）が飛ぶように売れたと言っている。では、この時期のカフェ経営はどうだったのか。実は、この時期はある意味では喫茶店混迷期の始まりだったのである。

なぜそうなるのかというと、家賃が上がり、保証金が上がり、内装設備費が上がるということが起きたからである。そのため、開業に際しての**初期投資**が大きくなり、結果、経営が苦しくなるということが起きたのである。

バブル景気時の日本

ほとんどの人が、株、投資、不動産、ゴルフ会員権とマネーゲームに手を出していた。株価は、38,957円44銭という高値をつけるし、マンションは一晩寝るごとに上がっていた。銀座を始めとする繁華街には、より洗練された飲食店が出店し、そこにお洒落な若者が左ハンドルの車でやって来る。ディスコブームが起きたのもこの頃で、東京にはマハラジャ、ラジオシティ、ジュリアナ東京、ヴェルファーレ、トゥーリアと続々と開店している。マハラジャは、入店するために、ファッションチェックがあり、入店するだけでも大変で、マハラジャに入店するためのファッションコーディネートをしてくれる店まであったくらいである。また、トゥーリアは鳴り物入りで開業したディスコだが、天井から大型のシャンデリアが落下して大惨事になったことでも有名になった。

また倉庫群しかなかった東京・芝浦は、中心部の地価等の高騰もあって、お洒落な飲食店がかなり出店した。ここは運河が入り組んで通っていたため、**ウォーターフロント**と呼ばれ、ウォーターフロントは流行語にもなった。

バブル景気と喫茶店

バブル経済というのは喫茶店経営に貢献してくれたのかというと、実はそんなことはないのである。なぜならば、喫茶店で癒しを求めなくても、癒される場所は数多くあったからである。しかも、それを利用できる余裕もあったと言っていい。

この時期に喫茶店を開業した人達にとっては、実はバブル＝苦難だったと言っていい。なぜならば初期投資が高く経営初期条件が悪かったからである。**別掲9**を見てもらおう。バブル期に開業した喫茶店の開業資金である。そして**別掲10**はバブルがはじけた後、平成6年（1994年）に同程度の立地、同一規模の開業資金である。この違いは驚愕に値するものだと言える。ここから初期条件を計算したのが、**別掲11**である。

これを基に、必要売上高を計算してみよう。計算のための体質は**別掲12**で、必要売上高は、**別掲13**になる。これでわかるように、バブル期開店の店は、かなり売上げを大きくしなくてはならないことがはっきりわかるはずだ。

ここにある教えは何かというと、それは景気低迷期というのは、実は出店者にとっては

別掲9 平成元年（1989年）前後の喫茶店の開業資金

項目	金額	備考
保証金	7,500,000	当時は敷金でなく保証金が多かった
不動産手数料	375,000	
前家賃	375,000	
内装費	6,000,000	内装、外装、家具、照明等含む
付帯設備費	1,500,000	ガス、電気、給排水、給排気、消火防火等
厨房設備費	1,500,000	
冷暖房設備費	1,200,000	
什器備品	800,000	食器、調理具、その他
開業経費	500,000	開業前人件費、求人費、保険料等
合計	19,750,000	

別掲10 平成6年（1994年）の喫茶店の開業資金

項目	金額	備考
敷金	1,440,000	家賃６ヶ月分（月間家賃240千円）
礼金	240,000	家賃１ヶ月分
不動産手数料	240,000	
前家賃	240,000	
内装費	4,000,000	業者の仕事が少なく安くなったため
付帯設備費	1,200,000	同上
厨房設備費	1,200,000	同上
冷暖房設備費	800,000	同上
什器備品	600,000	
開業経費	400,000	
合計	10,360,000	

別掲11

バブル期、月間数値

項目	金額	摘要
家賃	375,000	
減価償却費	157,051	(19,750,000－7,500,000)÷6.5年÷12＝157,051/月
金利	65,834	(9,875,000×0.08)÷12＝65,833.3≒65,834
本部費	50,000	事務費、税理士費用等

※償却可能資産＝所要資金－保証金
※借入金＝1／2　借入金利＝8%

バブル後、月間数値

項目	金額	摘要
家賃	240,000	
減価償却費	114,360	(10,360,000－1,440,000)÷6.5年÷12＝114,360/月
金利	10,792	(5,180,000×0.025)÷12＝10,792
本部費	50,000	事務費、税理士費用等

※償却可能資産＝所要資金－保証金
※借入金＝1／2　借入金利＝2.5% 10,792

別掲12　必要売上高を計算するための経営体質

項目	バブル期		バブル後	
	固定費	変動費	固定費	変動費
原料費		23%		23%
人件費	800,000		800,000	
諸経費		10%		10%
家賃	375,000		240,000	
減価償却費	157,051		114,360	
金利	65,834		10,792	
本部費	50,000		50,000	
合計	1,447,885	33%	1,215,152	33%

別掲13　バブル期とバブル後の必要売上高の比較

損益分岐点（必要売上高）＝ 固定費 ／（100％－変動費率）

バブル期	＝ 1,447,885 ／（100％－33％）＝2,161,223／月	25日営業で　86,441/日
バブル後	＝ 1,215,152 ／（100％－33％）＝1,813,660／月	25日営業で　72,546/日

大きなチャンスなのだという教えである。不景気というのは、永遠に続くわけではない。景気が持ち直した時、初期条件が有利なら、得るものは大きいのである。

忙しさが生んだセルフサービス・カフェ

バブル期というのは、いろいろな意味で忙しい世の中だった。それが、セルフサービス・カフェを繁盛させるということにつながったと言っていい。つまり、ゆっくり寛いでお茶を楽しむという暇がなかったのである。加えて、ファストフードでセルフサービスに慣れた人達が、このセルフサービスに抵抗を感じなかったのも、このタイプのカフェの繁盛要因である。

ただ、このセルフサービス・カフェの一部の店には物申したいことがある。それはあまりにも寛げる空間を無視したことである。店側としては、安くしているのだか

らということで、席数を多くしなくては稼げないという事情がある。そのため、

①テーブルが小さい→2人掛けに2人で座ったら、コーヒーカップ2つでテーブルがいっぱいになってしまう

②椅子が小さい→ちょっと体格がいいと、身を縮めて座る必要がある

③通路が狭い

等々である。これらはいつか客の反発を買うことは必至だと言える。

無謀な家賃値上げの横行

賃借りしている店舗というのは、契約期間というのがある。店舗の場合、一般的には2～3年になっている例が多い。もちろん、これは契約期間が終わったら出て行けということではなく、契約の更新というものができるようになっている。ただし、契約が『**定期借家契約**』になっていた場合は更新ができず、再契約をしなくてはならないので注意が要るが、一般賃貸借の場合は、更新は繰り返しできるわけだから、やろうと思えばずっとできるということになる。ただし、契約書には、家賃は世の中の状況により、値上げができるというようになっているのが普通だ。つまり、更新時には家賃を値上げさせて欲しいとい

う条件が出てくるのである。もちろん、これは賃貸人と賃借人が協議して決められるので、一方的ではないのだが、バブル期は、値上げさせて欲しいという条件が整っていたので、ある程度は家主の言い成りの家賃値上げになってしまったのである。

実は値上げ幅が大きく、撤退を考えなくてはならないという店も結構あったのである。特に、東京の繁華街ではこれが横行したようである。なお、バブル期には新しく借りる場合、『定期借家契約』が多くなったようである。この場合は再契約できることが条件になる。

バブル期には立地変化すら起きた

バブル経済というのは、いろいろなことを生んだと言える。その一つが立地の変化である。

特に変化したのがビジネス街である。実はバブルで家賃が高騰したのは、店舗だけではなく、事務所の家賃も高騰したのである。倍とまではいかないまでも、倍近くまで値上がりしたのである。そこで起きたのが、企業の移転ラッシュなのである。そのため、ビジネス人口が激減したという地域が誕生した。

東京の芝浦にあった喫茶店などは、月商250万円あった店なのに、150万円まで減ってしまったのである。幸い自分のビルで家賃が出ることがなかったので持ちこたえたが、もし家賃を払っていたら、間違いなく潰れていたに違いないと言っていた。隣は寿司店だったのだが、店の売上げが減少したのに加え、かなり稼いでくれていた出前がほとんどいなくなり、撤退を余技なくされたそうだ。

でも、このような悲惨な例ばかりではない。バブルで恩恵にあずかった店もある。それは、企業の残業が増え、土曜日も出勤するというようなことも起き、夜の営業が好転し、土曜日の成績も好転したという変化もあったのである。

出店ラッシュと客数減少

バブル期は、出店費用が高くなり、家賃も高くなり諸条件が悪くなったにもかかわらず、「バブル景気にあやかろう、それに遅れてはならじ」ということで、出店ラッシュが起きたのである。ここに何が起きるのかは明白である。それは競合により1店当たりの狙える客数が減るということなのである。近所に競合店ができれば、そちらに客を取られるということが起きるのである。よく「うちはしっかり顧客を掴んでいるから」という経営者がいるが、この言い分は実は間違い以外の何ものでもないのである。他店に客を取られないためには、自分の店に確固たるものがなくてはならないのである。それでも一部は取られてしまうのである。

では、どうしたらいいのかというと、客数が狙えない場合の手段は1つしかないので簡単だ。客数が狙えない場合にとれる手段は、

※**客単価**（1人の客が支払う単価）の向上

を充実させるよりないのである。そのためのメニュー、例えば同時オーダーが狙えるメニュー、グレードの高い軽食、カフェらしさを損なわないアルコール・ドリンクスの構成が必要になると言えるのである。

オープンエアの魅力

店の前に犬走り等がある場合、そこに客席を置いた店、これがオープンエアタイプのカフェである。このようなタイプの店は、フランスのパリには数多くある。

犬走りとかテラスというのは、通常賃借スペースに含まれないので、そこに席が置ければ、店にとっては有利である。バブル期には、東京の原宿とか代官山には、このような店が次々とオープンした。

冬は寒いので利用者はいないのではと考えるかもしれないが、外部設置用のストーブを置いたり、風除けのためのビニール・スクリーンを付ければ、そんなに寒くはないのである。客はこの席に座ることにより、外国に居るような気分になれたわけである。このような店の営業許可は、食品衛生法に基づいた、飲食店営業許可で営業できるのだが、オープンエア席を取った場合は、やや規制が付くので注意しなくてはならない。

その規制は、各都道府県により多少異なるが、調理場とかカウンターが、フルオープンにはできないようなのだ。

したがって、このようなタイプの店の場合は、あらかじめ管轄の保健所に図面を持参の上、事前相談に行った方が無難である。

第七章

喫茶店受難期

バブル経済の崩壊後の長引く不況。
喫茶店も苦しい経営を強いられる。

バブル崩壊

平成2年（1990年）～平成4年（1992年）頃にバブル景気が崩壊した。なぜバブル景気が崩壊したのか。実はバブルを崩壊させたのは、大蔵省と日銀だったのである。土地、マンションが値上がり、バブルという名のマネーゲームをしていた人達はしこたま儲かったのだが、普通の生活をしている人にとっては、マイホームは年収の7倍出しても買えないという生活が強いられたのである。そこで、日銀と大蔵省が、投機（マネーゲーム）に資金を貸し出すことを禁止したのである。これがバブル崩壊の原因だった訳だ。ではバブルは崩壊して良かったのか。これには諸説あろうかと思うが、ある意味では良かったのだと言える。だか、やって来たのは暗黒の10年とも言われる不況である。

でも、現在はこれは乗り越えることができたのだから、現在考えると結果として良かったということなのだ。しかし、暗黒の10年で喫茶店経営に起きたのは、実は悪いことばかりではなかったのである。

なぜならば、開業するための**初期投資**は極端に軽減、借入金利もかなり低くなったのだから、これは悪いことではなかったのだ。バブル崩壊後の時期はバブル期に敷金が10ヶ月、礼金が1ヶ月という条件は、敷金4ヶ月、礼金1ヶ月にして欲しいと言えば、それが通ったのである。

バブル崩壊で始まる価格破壊

バブルが崩壊した。マスメディアは不安をあおる。この時消費者には、将来的な不安が起きるのである。バブル期までの日本は不況もあったが、高度経済成長の影響で、将来に不安など全く無かったのである。したがって消費は盛んの一語につきたのだが、一向に景気が回復する兆しは見えなかったのである。そこで起きたのが、蓄えはあっても財布のひもを緩めないということである。

ここに起きたのが、**価格競争**である。客を集めるために、値下げ合戦が起きる。ついには価格破壊にまで進展してしまったのである。そしてデフレ現象を引き起こした。バブル時に購入した不動産は見るも無残で半値以下に下落、ゴルフの会員券は、紙切れになってしまったのである。そして、完全にデフレ・スパイラルにハマってしまったのである。

この時期は、平日でも全く予約の取れなかったゴルフ場が土曜日・日曜日の予約は取れるし、場合によっては、予約なしで名門コースでプレイができたのだから凄いというより他に言葉はない。このようなことの影響は飲食業界にも大きな影響をもたらして、当然、喫茶店にも影響をおよぼしたことは言うまでもない。

居酒屋が壊滅状態に

料理全品270円。ある居酒屋が提示した価格体制である。中には250円にしたチェーンもあったようだ。バブル景気がはじける前の居酒屋の客単価は3,000〜4,000円だったのだが、この安売りで客単価1,800〜2,000円まで下がってしまったのである。これでは**必要売上高**が確保できるはずがないのである。その上、

①安くしても粗利益は確保しなくてはならないためメニューグレードが落ちる
②それでも原料費率は上がってしまう
③原料費率が上がってしまう分、人件費を削減する
④人員削減により接客サービスの質が低下する

ということが起きてしまうのである。店側には『安くしているのだから』という言い分がある。でも、それは店側の勝手な言い分でしかない。これで居酒屋から客が離れてしまったのである。不況になると、値引きをする。だが、これが結果として店を破壊してしまう

のである。これが何回となく繰り返されているのでは、あまりにも学習能力がない。私が指導している店で値下げした店はまず無いし、それらの店は壊滅状態を回避できている。

直列選択してもらえた店は不況など怖くない

バブルが崩壊したからといって、全飲食店がその影響を受けたのかというと、そんなことはない。ある居酒屋はバブル期に客単価が3,800円だったが、バブル崩壊後も3,800円を維持している。それどころか、客単価はアップしたぐらいなのである。

喫茶店でも同じことが言えて、その影響を受けた店と受けない店がある。よくある言葉は店が成績不振に陥ると、不況だから仕方がない、他の店も同じだろうという言葉だ。

だが、この言葉は間違い以外のなにものでもない。不況でダメになった店は実は好況でも遅かれ早かれダメになった店なのである。つまり不況でその時期が早まっただけなのである。

さて、客が店を選ぶ方法は、直列選択と並列選択がある。**並列選択**というのは、よく行く店が複数あり、今日はその内のどれに行こうかという選択方法で、好況時はこの選択方法が採用される。一方、**直列選択**というのは、行くならあの店という選択方法である。不況になると利用回数が減るので、この直列選択が採用されることになる。つまり、直列選択になった時に選ばれる店になっていれば、不況の影響など受けなくて済むのである。そのような店になるため、常に見直しをして改善していくことが重要だ。

喫茶は不況に弱くない

高級フレンチレストラン、高級和食店といった業種は、不況が長引くと影響を受ける可能性があるし、影響を受けた店も多い。銀座をはじめとする高級なクラブ、バーもその影響を受けた部類である。なぜ強い影響を受けたのかというと、企業が経費の引き締めを強化したため、使える接待交際費が減ったからである。

では、喫茶店はどうなのか。実は喫茶店というのは不況には弱くない業種なのである。なぜかというと、日本人にとって喫茶店というのは、最もリーズナブルに『贅沢にも似た感覚』を味わえる社交場的な場所だからである。つまり、そこまで財布の紐を締めなくてもという感覚なのである。

喫茶店と並んで、不況に弱くない業種に挙げられるのが、ショットバーである。ここも、喫茶店と並び、リーズナブルな社交の場だと言っていい。

これで分かるように、これらの業種は不振の要因を不況だからとは言えないのである。私が指導するカフェの軒数は膨大な数だが、暗黒の10年の期間に、撤退したいと言った店はまず無いと言っていい。

『喫茶店の軽食』の味は？

喫茶店がこぞって軽食をメニューに構成し、大衆レストランに負けずとも劣らずの構成になっていった。これが、正しかったか否かは別にして、**客単価向上**という目的は果たせたと言っていい。だが、その軽食の支持が長続きしたのかは一部の店を除いてはやや疑問である。

それは、調理技術が伴なわないのに無理矢理の構成だった店が多かったからだと言える。本当に考えなくてはいけなかったのは、「喫茶店の軽食だから仕方がない」と言われるような軽食化は間違いだったのである。そもそも、喫茶店のカウンター内で調理できることに限度があるから、レストランと同等のグレードの物を作ろうとするのは難しい。

しかし、メニューのアイテムや調理方法の工夫で、喫茶店でもグレードの高いメニューを出すのは難しいことではないのである。例えば、

①そのつど、調味型メニューをさける↓そのつどの調味だと味付けにバラつきが出る
②グレードの高いレトルトを使用する↓専門レストラン顔負けのハンバーグがある
③メニューの幅をできるだけ狭くする
といったことで、実は客がおおいに納得する物はでき上がるのである。

『お家で』カフェ

暗黒の10年で増えたのが、自宅を改造しての喫茶店の開業である。**古民家カフェ**等もこの部類に入るものである。

このような場合、店舗を借りる費用が不要だし、家賃も出ない。その上、経営者本人が労働力の中心になるという場合、人件費も極力抑えられる。場合によっては、自分の労働賃金的なものは、取れなくてもいいということになれば、これでやっていけなくなるというようなことはないはずである。

しかし、注意しなくてはならないのは、ある程度の内装はしなくてはならないし、椅子、テーブルは設置しなくてはならないし、厨房設備は設置しなくてはならない。しかも、電気の容量、ガスの容量が不足するかも知れない。するとその増設にも費用がかかることに

なる。

つまり結構、費用はかかるのである。でも自分の家だから、その台所を厨房にすれば、費用はいらない、と簡単に考えているかも知れないが**食品衛生法の許可**も取らなくてはならないので、台所でという訳にはいかない。さらに、**消防法**にも違反することはできない。しっかりとした資金計画は必要不可欠だ。

セルフカフェ・チェーンを恐れる必要はない

セルフサービス・カフェがどんどん増え、喫茶店タイプのカフェがどんどん減る。では、喫茶店はもう支持されないのか。私のオフィスに喫茶店を開業したいと相談にやって来る人は数多く、これは暗黒の10年時にも減らなかったと言っていい。

ただ、依頼者達の大半の人が口にしたのが、
①カフェ経営に将来性はあるのか
②セルフサービス・カフェを開業すべきなのか
なのである。将来性については第八章で述べているのでここでは省くが、セルフサービスのカフェ、それもチェーン展開をしている大手の店を気にしているのである。この時の

私の答えは、
セルフサービス・カフェにもいいところがあるが、従来型の喫茶店には、それにも増していいところがある、やり方次第ではセルフサービス・カフェを恐れることはないと答えている。この結論はリーマンショックを乗り越え、経済が安定してきた平成26年（２０１４年）頃から、喫茶店はまた増え始めた。同時に、やたらと目につくのは「昭和の時代にあった喫茶店の復権」という言葉である。

喫茶店はファスト・フードに影響されたのか

マクドナルドに代表されるハンバーガー・チェーン、フライドチキン・チェーン、ドーナッツ・チェーンというのは、プラスしてコーヒーを含むソフトドリンクも構成しているので、大きい意味においてはカフェと同等の内容を持っている。しかも、これらの店は、テイクアウトが専門ということではなく、大半の店はイートイン・スペースも備えている。

ということは、内容的にはカフェと同等だと考えていい。このファストフードが増加したことで、カフェ経営に影響があったのか。当然のこととして影響があったと言っていい。

しかし、ファストフード店をカフェ感覚で利用しているのは、10代後半から20代である。

30代以上の人達にとっては、ファストフード店をカフェとして見るには、ちょっと無理がある。したがって、その影響はさして大きいものではないと言えるはずである。

そしてカフェとファストフード店には根本的な違いがある。カフェには第三の居場所という位置づけがあるが、ファストフード店にはそのような位置づけはあるのだろうか。この答えは間違いなく「否」である。

つまり、ファストフード店に影響されたというのは、ダメになったカフェの言い訳だとも言える。

受難期を乗り越えた店に工夫がある

ファストフード、ファミレス、セルフカフェとカフェ（喫茶店）との競合が激化した中、営業方法に工夫があったカフェは繁盛をものにしていた。例えば、ビジネス街のある店には、**ブランチ**というメニューがあった。ブランチはブレックファースト（朝食）とランチの合成語で、遅い朝食、早めのランチということになる。

あるカフェの場合、ブランチタイムは11時から12時で設定されている。始めて当初はたいしたことが無かったのだが、しばらくしてからは、この時間帯は満席に近い状況になったのである。

12時から14時はランチタイムで、ランチは日替わりで3種類あり、平均売価は880円なのに対して、ブランチは3種類で平均単価は750円である。

これは客にとっては1時間早いランチで、しかもランチタイムのような喧騒はなく、ゆっくり過ごせるので、利用価値があったのである。

そして、店側はランチの客席回転数が1・5回転、ブランチの回転数が1回転ということになり、これが売上向上に大いに貢献してくれたのである。本来ならこの11時〜12時の時間は、客が期待できない時間なので、これは大成功だと言っていい。

アイドルタイムを忙しくした店

喫茶店には、

①ピークタイム↓忙しい時間

②アイドルタイム↓暇な時間

がある。このような場合、まずやらなくてはならないのが、ピークタイムをより忙しくすることである。そして、それができたら今度は暇な時間をどうやって忙しくするかを考えなくてはならない。このような場合、暇な時間は、例えば、アフタヌーン・サービスとして値引きするというような方針をとる店が多いのだが、これは好ましい方針という訳にはいかない。なぜなら20％値引きして、20％客が増えたのでは、ただ労力が増えただけに終わってしまうからである。それより考えなくてはならないのは、時間機能をもったメニューを開発することだと言える。もちろん立地にもよるが、その時間帯に狙える主婦がいるというのであれば、その主婦達を狙えるメニューを開発して、構成することが重要なのである。

例えば、スイーツ、小菓子、小型のサンドウィッチを構成したら、その時間帯の客が増えた、受難期を乗り切ったといった例なら枚挙にいとまがない。

立地は刻々と変化する

開業に当たっては、立地条件を調査するのが当然のことだ。だが、開業後にも定期的に立地調査をしている店はほとんどないと言っていい。

しかし、立地というのは刻々と変化するものなのである。例えば、

①完全なビジネス街だったが、徒歩10分以内の半径に、マンションが増え、居住人が多く

なってきた
②完全なベッドタウンだったのに、大小の企業の事務所が増えてきた
③競合店が何店か出店した
といった変化である。このような変化があれば、客層が微妙に変化する可能性があるし、競合店に負けている可能性がある。

したがって、定期的な立地調査が必要なのである。そして、その変化を踏まえ、
①営業時間を再検討する
②メニュー構成の手直しをする
ということで、受難期を受難期にしないという店にしていきたい。

サラリーマンが深夜に続々と来店

夜の23時頃から、2～5人連れのサラリーマン、OLが、続々とやって来て、24時前後には約30卓のテーブルが満卓になったのである。これは、都内有数のビジネスエリアにあるファミレスのデニーズで目撃したシーンである。目撃した日がたまたま、その状態だったのかと思い、店の人に聞いてみたところ、そうではなく連日この状態なのだと言うので

ある。そして、入店した人達は朝までいるそうだ。来店した人の目的は、残業等で遅くなったため、仮泊所としての利用なのである。

これは、タクシー代が高くなったことと、ビジネスホテル代が高いといった世相が生んだ現象らしい。

ここで、デカンタのワインをオーダーして、サイドメニューを2品とっても、せいぜい1,500円から2,000円である。これはハイボールになってもさして変わらない。

つまり晩酌付で時間をつぶせて、この値段なのだから利用者が多くなって当然と言えば当然だ。いまに、居酒屋がファミレスに負けてしまうのではないかと思ってしまう。このように世相を読むことも受難期を受難期でなくするコツだと言える。

第八章

見直される喫茶店

心地良い店、寛げる店が求められ、
喫茶店の役割が復権して来た。

喫茶店復権の兆し

ファストフード、コンビニのセルフカフェは増えたのだが、喫茶店の数は平成に入って減少の一方だった。そして今、カフェの主流になっているのが、「スターバックス」、「ドトールコーヒー」に代表するセルフサービスカフェである。これらの店が支持されたのは、世の中が忙しいという環境下にあったためである。つまり、ゆっくりお茶を楽しむという世の中ではなかったということなのかも知れない。しかもセルフサービスカフェのコーヒーの価格も安かったので、それも支持される要因の一つだったのである。

しかし、平成28年（2016年）頃から目立ち始めたのが、セルフサービスカフェのコーヒーの価格の値上がりである。セルフなのに400円以上の価格を採用している店すら出始めた。それでも、コーヒーの価格は抑えられているものの、**バリエーション・コーヒー**とか、**フローズンドリンク**といったものは、高級喫茶店並みの価格の店が増え始めたのである。

このようになった場合、セルフサービスカフェと、フルサービスのカフェは、秤にかけられるのが当然である。そこに、店数を増やし始めたのが、「ミヤマ珈琲」、「星乃珈琲店」

である。

これらの店は、セルフサービスコーヒー店より高い値段のコーヒーを売っている。にもかかわらず、繁盛を極めている。これは喫茶店復権の兆しととらえていいはずである。

安定した景気回復が喫茶店の見直しにつながった

喫茶店の客の来店動機は、『美味しいコーヒーが飲みたい』なのだろうか。この答えは間違いなく「否」である。美味しいコーヒーがすぐに飲みたいというのであればコンビニのコーヒーでもいい筈だからである。

喫茶店というのは、日本人にとっては、一種独特の場所で、アメリカにある『コーヒーショップ』とも違うし、フランスにある『カフェ』とも異なると言っていい。喫茶店は日本人にとっては文化に触れて、かつ『贅沢な空間』を感じることができる場所なのである。

コーヒーは、ほんの70年ほど前の昭和の初期においては贅沢品だったのである。それは、当時の喫茶店のコーヒーの売値が高かったのを見てもはっきりする筈である。

バブルがはじけた後、暗黒の10年があり、その後景気が回復の兆しをみせたが、リーマンショックでまた景気は沈んだ。そのため、忘れていた喫茶店での寛ぎといった風潮が強くなってきたのである。

また、喫茶店というのは、それ以外にもいろいろな便利性、例えば、商談の場、待ち合せの場所といった便利性も備えている。その便利性が、喫茶店が見直されるのに一役かっている。

喫茶店にある『サード・プレイス』的役割

サード・プレイスというのは**第三の場所**という意味である。ファースト・プレイス（第一の場所）は住まいで、セカンド・プレイス（第二の場所）は職場または学校である。その二つの場所以外の所が**サード・プレイス**ということになる。

そして、サード・プレイスというのは心地良い場所でなくてはならない。現代のように、ストレス社会においては、ストレス解消のためには、このサード・プレイスというのは必要不可欠の場所だと言えるのだ。例えば、かつての『井戸端』とか『浴場』はある意味ではサード・プレイスだったと言っていい。では、サード・プレイスというのは、どんな条件が必要なのかというと、

①アクセスがいい

②比較的低価格で利用できる
③心地良い空間がある
④飲食物がある

といったことが挙げられる。これでわかると思うが、喫茶店、ショットバーは、この要件を満たしており、格好のサード・プレイスだ。これも喫茶店が見直される要因だろう。

接客サービスされる優越感を思い出した

日本人は接客サービスされることが好きな人種である。例えば、温泉地の旅館で、仲居さんが丁寧な接客サービスをしてくれる旅館と、ほとんど接客サービスの無いホテルとでは、どちらが選ばれるかというと、仲居さんの接客サービスがついている方が選ばれているのである。だから温泉地のホテルは、旅館と同等の接客サービスで営業している例が多い。これなどは、接客サービスされるのが好きだという証明だと言っていい。この接客サービスされるというのは、実はとても心地良く、優越感に浸れるものなのである。

ここにきて、その良さが見直されたのである。これも喫茶店が見直される要因の一つである。

さて、この接客サービスであるが、これは非常に難しく注意しなくてはならないことが数多いのだが、最も重要なのは、均質化されていなくてはならないということである。

例えば、接客係によって差があったり、客によって差があることは許されないのである。また、顧客を優先するというのもよく見かけることである。これは均質化していないということにつながってしまうのだ。顧客は確かに大事だが、初めて来店した客も同じように大事なのである。顧客優先で営業すると、初めての客はそれに嫉妬にも似た感情を抱く、ということは新顧客は増えないということにつながってしまう。

個人店も見直される

経営体を法人にするか否かは別にして、経営者も労働を担う、小型店（10坪前後）の店や中型店（20坪前後）の店をここでは個人店と定義する。

喫茶店が減少したことは前にも述べているが、特に減ったのが個人店である。その大きな要因となったのが、コーヒーも扱うファストフードとか、セルフサービス・カフェのチェーン店の増大と言える。結論的には個人店は、それらの店は負けたのかというと、い

ろいろなことが想定できるが、
①個人店にはしっかりとした管理体制がなかった↓そのため儲けの出し方が稚拙だった
②安易な経営をやっていた↓どちらかというと、自己中心的な営業で客のウォンツなど無視して営業していた
③メニューの開発を怠っていた↓新メニューの開発など考えてもいなかった
　といったことが、個人店が斜陽していった理由なのである。最もそれでもやっていける時代もあったのだが、競合が激化していくことにより、それではやっていけなくなったのである。

　今後、個人店を開店するなら、そのようなことを是正しなくてはならない。そうすれば、個人店も見直されると言っていい。

今後の喫茶店経営には重要留意点がある「その1」

　留意点の中で重要なものは、かつての喫茶店にあった、**客付き**の良さが悪くなったということだ。かつての喫茶店は開業したら、すぐ客が付いたのだが、全部の店がということではないが、今はこれに数カ月を要する例が多いのである。

小型、中型の喫茶店の場合は現金商売だという点と経営者も労働力の一端を担うということもあって、**運転資金**はほとんど不要だったのだが、客付きが悪くなったことにより、多少の予備資金が必要になったのである。そして、運転資金で大事なことがもう一つある。それは、**必要資金**の計算が甘くてはならないという点だ。結構多いのが、計算が甘いため、開業時にすでに**資金ショート**（不足）している例なのである。必要資金はしっかりと計算し、それを調達しないと、資金ショートのための運転資金が必要になってしまう。

必要資金の計算をしっかりした上で、プラスアルファーの運転資金を考えておくといい。では、これはどの程度あったらいいのかいうことになるが、これなら安全だという基準はない。

多ければそれにこしたことはないが、喫茶店で小型店、中型店の場合は、家賃の６ヶ月分程度を目安にすればいいと言える。

今後の喫茶店経営には重要留意点がある「その２」

喫茶店の場合、勤務者から敬遠される業種ではない。例えば、居酒屋系の店とか、臭いの強い焼き肉店、カレーショップ等と比較すれば、勤務希望者ははるかに多いと言っていい。

それでも、**人手不足**が深刻だということは事実である。小型店、中型店で経営者も労力を担う場合、雇用する人員は少ないと言える。それでも何人かは雇用しなくてはならないわけだから、人手不足については考えておく必要がある。

この人手不足を解消する手段の一つは高齢者の雇用である。次の手段として考えられることは、できるだけ人手が省けることを考えなくてはならないということである。例えば、人手が省ける設備等の設置も検討しなくてはならない。ただし、問題なのは人手不足で、賃金とか時給が上がることである。これが結果として経費の体質を悪くするということにつながってしまうのである。したがって、他の経費である原料費、諸経費の管理をより徹底して、人件費が上がる分をカバーしなくてはならないのである。

つまり、これからの喫茶店というのは、資料を基に常に見直しをしていく必要があるということになる。

人手削減、原料費低減機器

人手不足なので、できれば人手削減機器を導入したい。では一体どんな物があるのかというと、次のようなものがある。

①食器洗浄機

汚れた食器等を自動で洗浄する機器である。実は洗浄には結構時間がかかっているのだが、これを導入すれば、かなり人手は省けると言っていい。

②自動杯立てコーヒードリップマシン

コーヒーを一杯づつ自動で抽出してくれる機器。コンビニのコーヒーはほとんどがこのマシンを設置している。セブンイレブンのコーヒーは味にも定評があるので、抽出されたコーヒーのグレードは折り紙付きだと言っていい。コーヒーは手立てをすると、結構人手がかかっている。業態にもよるが、設置検討の余地があると言っていい。

③全自動エスプレッソマシン

こちらは、エスプレッソマシンだが、マイルドタイプも抽出できる。かつバリエーションコーヒーを12種類程度、プログラミングすることができる。

④スチームコンベクション・オーブン

スチームの噴出が可能なオーブン。このオーブンは焼く、煮る、茹でる、蒸す、炊くといったことができる便利な調理機器。機種によっては50種類程度の加熱方法を登録でき、安定した調理が可能になる。

⑤フード、ソース・ウォーマー

ソースとかフードを湯煎で温めておく機器。ソース等をその都度温める必要がなくなるので、時短、人手削減につながる。

⑥ジェラート・マシン

アイスクリームの製造マシン。アイスクリームは仕入れ値が結構高い。したがってスイーツを売り物にした喫茶店の場合、原料費をかなり下げられるし、個性的なアイスを作れる。これは、ジェラート・マシンでなく、ソフトクリーム・マシンでもいい。

……これらの機器は、設置費が高いものが多いので、遮二無二に設置するというわけにはいかない。したがって導入する場合には、人件費がどの程度下げられるか、原料費がどの程度下げられるのかということをしっかり計算して、その上で設置の検討をしなくてはならない。

プチ贅沢感を出す仕掛け

かつての喫茶店に復権の兆しがある。それは客が「付加価値とは、いかに心地良いか」

ということを再確認したことにある。したがって付加価値の心地良さを裏切ってしまえば、その店は復権の波にも乗れないし、繁盛など夢のまた夢に終わってしまう。

そこで付加価値の一つとして考えたいのが、「プチ贅沢感」を感じられる場所を作ることである。

まず考えたいのは、トイレである。ここが普通のスペースになっていないだろうか。例えば、

①手洗器、便器に贅沢感を出す→ここに贅沢感を出しても、そんなに費用は必要としない

②小物に贅沢感を出す→トイレットペーパー、石鹸、鏡、ティッシュケース

というようなことを考えたい。次に壁にかけるメニューパネルとかポスター等で贅沢感を出すことができる。よくあるのは、絵画的なポスターが、プラスチックの縁の額に入れられている例だが、これでは、贅沢感など出てこない。この額をちょっといい額に入れるということをやれば、かなり贅沢感は上がるはずだ。他にも売り物メニューに使う食器は、高級感を出せば、ここでも贅沢感は醸し出されるはずだ。

女性に支持される仕掛け

女性客の支持を獲得するのは、女性化社会である今日においては、必要不可欠なことである。

そして女性客獲得のためのキーワードは、

①アンチエイジング↓意味は老化防止で、メニューのキャッチコピー等に採用すると、そのメニューは支持されやすい

②デトックス↓体内の毒物を排泄するというような意味で、メニューのキャッチコピーに使用すると支持されやすいし、男性も興味を示すキーワードになる

③痩身美顔↓簡単ではないのがわかっていても、「簡単に痩せられる本」は売れるのを見てもわかるように、このキーワードは女性にとっては永遠のテーマ

④インスタ映え↓商品が来ると、まず写真を撮るのは最近の傾向で、これを投稿するのが流行りだからインスタ映えすることが必要で、盛付け等はそれを意識しておかなくてはならない

⑤クリーンリネス↓清潔維持のことで、女性は不潔恐怖症の人が多いので、これを徹底す

る必要がある

したがって、女性に支持されるためには、これらを意識しておく必要がある。

第九章

高齢化社会と喫茶店

注目される高齢者が集う喫茶店、
また、高齢者の働く場としての喫茶店。

人生100年時代

100年前までは人生50年だった。そして、全てのシステムは50年に設定されていたと言っていい。例えば、企業の定年、生命保険などにそれが顕著に現われている。その人生50年は、人生80年になったのである。さらには人生100年時代という広告が出始めている。最近では85歳まで入れる生命保険、医療保険まであるのである。

企業の定年はどうかというと、65歳が主流である。これでも人生80年なら定年後15年もあり、100年なら35年もあることになる。いま65歳以上の人口は30%に届こうとしているし、90歳以上が200万人を超えたのである。この高齢者の割合は、なんと日本が世界1位なのである。高齢化社会の次の、**超高齢化社会**に日本は突入している。

さて、これら高齢者だが、見た目は高齢者には見えないし、とても若いのである。つまり現役の労働力に成り得るし、飲食店の対象客にも成り得るのである。しかも、それなりに裕福だと言っていい。

喫茶店も、これから考えなくてはならないのは、この高齢者達を客層のターゲットにすることである。

高齢者集会所になっている店がある

地方のコンビニエンス・ストアで目撃した光景である。そのコンビニには、さほど広くはないが、15人程度座れるイートインスペースが設けられてる。14時頃、70歳前後とおぼしき男性がやって来て、慣れた手つきでセルフのコーヒーを購入し、イートインスペースに陣どって、コーヒーを飲み始めた。すると、そこにやはり70歳とおぼしき男性2人連れがやって来て、コーヒーとスナック菓子を2袋買って、前からいる男性と合流し、3人でスナック菓子を食べ、コーヒーを飲み談笑し始めたのである。それは楽しそうなのである。

その後も次から次へと、高齢者がやって来る状況が18時ぐらいまで続いたのである。これが一体何を意味するのかというと、高齢者には暇があるということを意味しているのである。

しかもお金は持っているのである。本当はコンビニではなく、カフェの利用だってできるのだが、大半のカフェは、高齢者を受け付けないという雰囲気が出ているのである。

またメニューもしかりで、高齢者向きの物はあまり構成されていないのが現状だ。このようなコンビニが高齢者の『たまり場』になっているのを許していていいのだろうか。これからの喫茶店もカフェは、この現状も踏まえて高齢者をターゲットとして狙う必要があるはずだ。

高齢者をターゲットにした喫茶店の計画

高齢者もターゲットにした喫茶店はいま増えつつある。代表される店として、※コメダ珈琲店、ミヤマ珈琲がある。いま数多くあるカフェは、セルフサービスカフェであるが、高齢者にとってこの業態は抵抗があるとまではいかないものの、しっくりこないという感じのようだ。現在の60代〜80代の人達が若いころに頻繁に利用していたのは、**フルサービス**の喫茶店なのである。

したがって高年齢層も狙いたいというのであれば、フルサービスの喫茶にすることが望ましい。そして、店づくりのデザインも、感性型ではなく、どちらかといったら、クラシックなタイプにすべきである。『コメダ珈琲店』も「ミヤマ珈琲』もどちらかというと、クラシック型のデザインである。

「コメダ珈琲店」を午後の時間帯に利用してみるとわかるが、高年齢層の女性グループが非常に多いことに気付くはずだ。当然メニューにも、高年齢層の人達が、かつて利用していた店にあった懐かしのメニューが構成されている。

では、『コメダ珈琲店』と「ミヤマ珈琲」は20代〜50代が狙えていないのか。実はその年代にも受けているのである。

通路、テーブルは高齢者向けに

高齢者もターゲットにしたいというのであれば、それを随所で強調していく必要があるが、その一つとして、店づくりにもそれを考えておかなくてはならない。

まず第一は、店内の段差は極力無くすようにしなくてはならない。高年齢者はちょっとの段差でも、それにつまづいて転ぶという例がかなり多いのである。どうしても段差が必要だという場合は、そこに段差があるということが分かるようにするといい。例えば、たった1段の段差であっても、そこには手摺りを付けるようにすれば、転ぶ人は少なくなるはずである。なお、よくあるのは段差を避けるために、スロープにするという例だが、実は短いスロープは階段より危険なのである。

もし、どうしてもスロープにするというのであれば、かなり緩やかなものにする必要がある。しかし、それではかなりのスペース不利になってしまう。なのでスロープは避けた方が無難だと言える。

次に、壁に面した通路の場合は、そこには手摺りを付けるといい。手摺りが付くとかなり安全な状態になる。

次にテーブルだが、これは通常は**別掲14**のようなタイプが多用されているが、Aのタイプは、席に着くとき、席から出るとき、テーブルの4本の脚が邪魔だし、これに足を引っかける可能性があるので避けた方がいい。Bのタイプも脚の交差している部分に足を引っかけやすい。したがってCのようなタイプが理想になる。

次にトイレだが、ここにも手摺りを付けたい。さらに荷物が置ける小型の台を付けると、女性客に対する気配りになる。

なお、最近はほとんどが洋便器だ。だが、前に誰が座ったか分からない便器には不潔感を感じるといった客も多いので、除菌の濡れティッシュを備えておけば、これはかなりの気配りだ。

もしも、店の規模があるなら、入口に近い部分の席の一部は、車椅子が通れる通路幅を取るといい。このような処置をしておけば、そしてそれを表示しておけば、車椅子利用者、ベビーカー使用の子供連れも利用してくれることも期待できると言っていい。

まだまだ、カフェには気配りができるところがあるはずだ。そしてこれが、高齢者の支持を受けるだけに留まらず、若い人達の支持を受けるということにもつながっていくと言っていい。

別掲14　喫茶店の客席のテーブル例

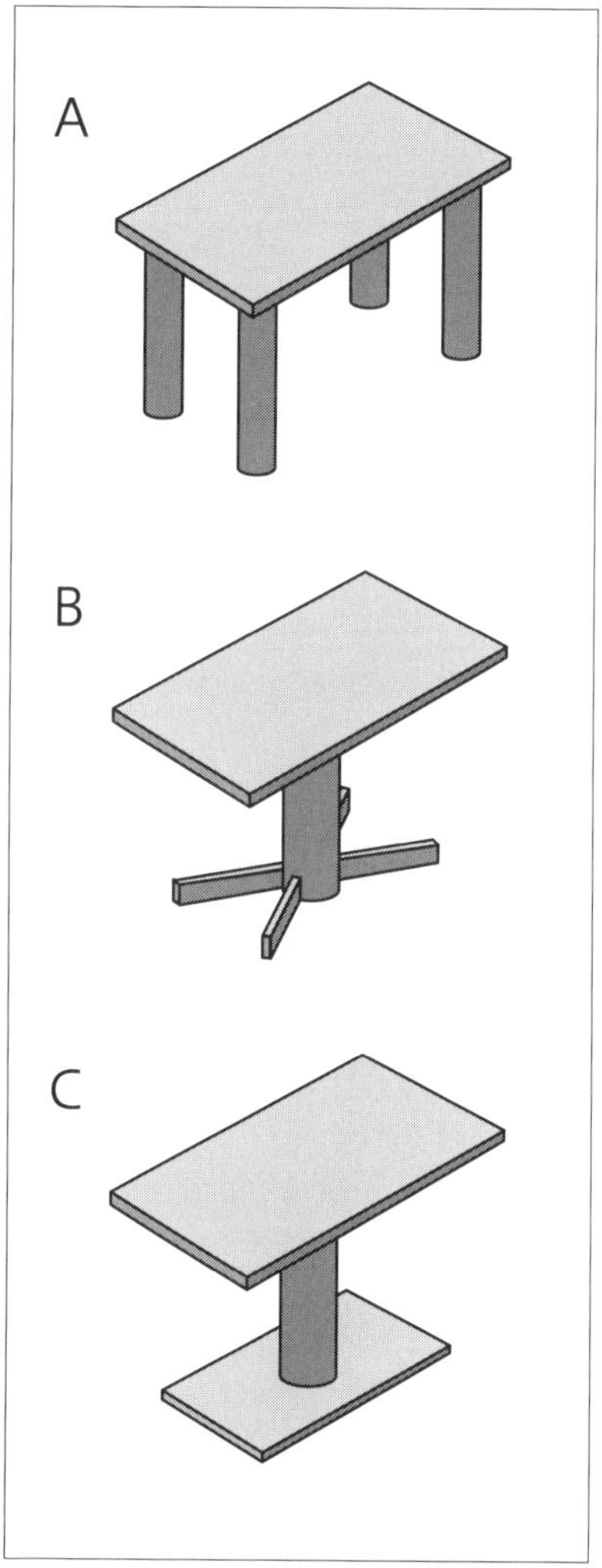

高付加価値店舗が求められている

付加価値とは、商品以外の付属した価値のことである。カフェにおける付加価値とは何かというと、それは、

①内装デザイン↓客のウオンツである、憩い、癒し、演出効果等が満たされるデザイン
②演出効果↓BGM、照明効果、モニターテレビ、器使い、供進方法等による演出
③居心地↓客が必要とする空間の確保、椅子とテーブルのバランス、座り心地も考慮した椅子等
④清潔性↓清掃等が徹底された店内、トイレ
⑤接客サービス↓均質化された接客サービス
⑥その他のサービス↓客の期待に応えるイベント、メニュー開発等である。このうち、①～④までは開業計画がからむものである。まず、設計デザインであるが、これはただ喫茶店らしくなっていればいいという訳にはいかない。しっかりとしたコンセプトのもとで、それに合う設計デザインが必要だ。でも、設計デザイン料が高いのではという人が多い。しかし、内外装のデザインが優れていて、それにより誘客能力

が発揮させれば、設計デザイン料など安いものである。さらに、有能な設計者なら、工事費を低減させることも考えてくれる。

また、内装工事業者に設計させれば「設計デザイン料は無料なのでは」と、よく聞く言葉である。しかし、これは間違いで設計料となっていなくても、それは発生していると言っていい。

次に椅子、テーブルであるが、現代ではカフェ向きの家具は既製品が多く出回っているので、その中から選択するか、設計者に決めてもらうといい。

次に清潔性の維持だが、店には不潔感が漂う場所がある。それは、供進とか下膳をするカウンター回りである。

①汚いゴミ箱が見える
②厨房内に入らない材料が置いてある
③床にゴミが散乱している

…これでは、他の場所も汚いのではないかと連想されてしまう。このようなことにならないように設計者に依頼しなくてはならない。

店長は白髪の老人

ある店の店長は68歳の男性である。演出した訳ではないが、綺麗な白髪で非常に上品な物腰の人物である。かつて、若い頃にバイトでウエイターをやったことがあるそうだ。

客が入店すると、冷水、メニューを持ってオーダーを取りに来てくれる。極力、オーダーは店長が取るようにしているそうだ。そして、オーダー品を運んだり、下げたりするのは他のウエイター、ウエイトレスがやっている。メニューには、コーヒー、紅茶等のソフトドリンク、ケーキ、サンドウィッチが構成されていて、コーヒーの価格は５００円である。

さらに、グラスワインが赤、白で6種類、ボトルワインが10種類、ナチュラルチーズが5種類構成されている。ワインをオーダーして、そのワインのことを聞いてみた。実に堂に入った説明がなされたのである。しかも店長のキャラクターなのだろうか、それは説得力があるのである。

この店の場合、高年層を狙うため、このようなプランニングにした訳である。そしてそれは的中したのだが、これが若い女性客にも支持されたのだ。これは嬉しい誤算だったことは言うまでもない。

高齢者雇用には得がある

アラサーというのは、アラウンド・サーティの略で、30歳前後とか30代ということになる。そして、テレビドラマの「アラウンド40」の放映で、アラサーから『アラフォー（40代）』になり流行語になった。これは40代がまだ若いし、活躍しているという賞賛をこめた言葉でもある。さらには『アラフィフ（50代）』も広まった。これでわかると思うが、50代はまだ若く活躍できるということになる。

テレビでは60代以上の女性が、何歳に見えるかということでよく出てくる。あまりに若く見えるので「美魔女」とも呼ばれる。そこで考えたいのは、もっとこれらの年代と、それ以上の年代の人達を客として狙わなくてはならないということである。同時に検討しなくてはならないのが、この人達を労働力にすることである。現代の若い人達と比べたら、この年代の人達は忍耐力がある。だから、ほんのちょっとしたことで辞めていくということもない。つまり定着性もよくなることにもつながっていくのだから、人手不足の時代には違いないのだが、考え方を変えれば、それを解消できる可能性は大きいのである。なお、65歳以上の高齢者を雇用した場合、いろいろ条件はあるが、助成金をもらえる可能性もある。

高度経済成長、バブルを知ってる世代

現在65歳以上の年代というのは、高度経済成長下で育っている。この人達は戦後の『産めよ増やせよ』の時代だったこともあって、とにかく人口が多い。そして人口が多いということは世の中をも変えるパワーを持っているということである。例えば、会社にスニーカーを履いてやって来始めたのはこの年代である。また、男性はジーンズを着用し、女性はミニスカートで闊歩した。レジャーを好み、ドライブを楽しむ。戦後の若者文化の基礎となるものを作ったのもこの年代である。そして、それは次の年代に受け継がれていく。その人達が『ヤング』と呼ばれた人達だ。

そして、この人達が利用した喫茶店は、セルフサービス型のカフェではなく、どちらかというと高級な部類に属する喫茶店である。しかも、海外旅行も頻繁に行なわれて、それの影響が店づくりに現れていると言える。例えば、アメリカの西海岸にあるようなカフェとか、フランスのパリのシャンゼリゼにあるカフェ等のお洒落な店づくりをした店が好まれたと言っていい。

このようなことを取り入れた店づくりが高齢化社会の喫茶店には必要になる。

メニュー構成の一部には『郷愁』が漂うものが必要

カフェは、どちらかというと、トレンドの先端をいく業種だと言っていい。したがって、トレンドを無視することはできない。これを無視してしまったら、現代の若者達は狙えなくなってしまう。では、現代のトレンドを察知するには、一体どのようにしたらいいのか。

これを察知する方法はいろいろあるが、

①テレビコマーシャルに注意を払う↓ある意味でコマーシャルはトレンドの宝庫だと言っても過言ではない

②女性用の雑誌を見る↓ここにはファッションを始めとしたトレンドが現れているし、飲食の情報もかなり多い

③デパ地下を徘徊する↓ここは食の情報がかなり多い。流行りの野菜、流行りのフルーツ、流行りの缶詰等と数多い情報がある

④食の情報番組↓最近の傾向としては食の情報番組は結構多い

⑤アメリカ、ヨーロッパのカタログ誌を見る

⑥評判のカフェを視察する

等が考えられる。そして、これらの情報を選別するといい。

さて、高齢者狙いのためだが、50代〜70代というのは、高度経済成長と、バブルの中で育った年代である。それを踏まえると価格設定は、安いだけが取り得というような物は、芳しくない。価値ある物には金を払ってくれる筈だ。そして、約40年前に流行したメニューに郷愁にも似たものを感じている。したがって、その時期に流行った物をメニュー構成の中に加えるといい。例えば、

米飯料理なら、

※オムライス、ドリア、ハッシュドライス等

パスタなら、

※ナポリタン、ミートソース

粉もの料理なら、

※クレープ、パンケーキ、ワッフル、ピザ

パンメニューなら、

※ハムトースト、玉子サンド、チーズトースト

と、郷愁を感じてもらえるメニューは数多くある。

第十章

開業の参考資料

喫茶店の営業許可や、
開業資金の借り方などについて。

喫茶店の営業許可

喫茶店を営業するために必要な許可は、
①喫茶店営業許可
②飲食店営業許可
のいずれかを取得しなくてはならない。この2つの許可は、どこが違うのかというと、**喫茶店営業許可**は、主として茶菓のみ販売となっていて、アルコールとか、食事メニューは売れないことになっているが、**飲食店営業許可**は、客の口に入るものは全て販売可能という違いがある。したがって現代の喫茶店においては喫茶店営業許可ではダメで、飲食店営業許可を取らなくてはならないということになる。

だが注意しなくてはならないのはケーキを作って、それを店内で売る場合、飲食店営業許可で可能なのだが、これをテイクアウトでも売るとなると、飲食店営業の許可にプラスして、**菓子製造業**の許可が必要になる。また、アイスクリームも同様で、テイクアウトもさせるという場合は、**アイスクリーム製造業**の許可が必要になる。いずれにしても事前に所轄官庁と相談しておいた方がいい。なお、申請方法は**別掲15**になる。

別掲15 飲食店営業許可を取得するのに必要な書類

項目	摘要	備考
許可種類	飲食店営業許可	
申請先	店の住所の管轄保健所	
必要書類	所定申請用紙 平面図（厨房詳細入り） 食品衛生責任者の資格証明 水質検査証 法人登記謄本	正副２部 水道直結の場合不要 法人の場合のみ必要

飲食店営業許可を取得するまでの手順

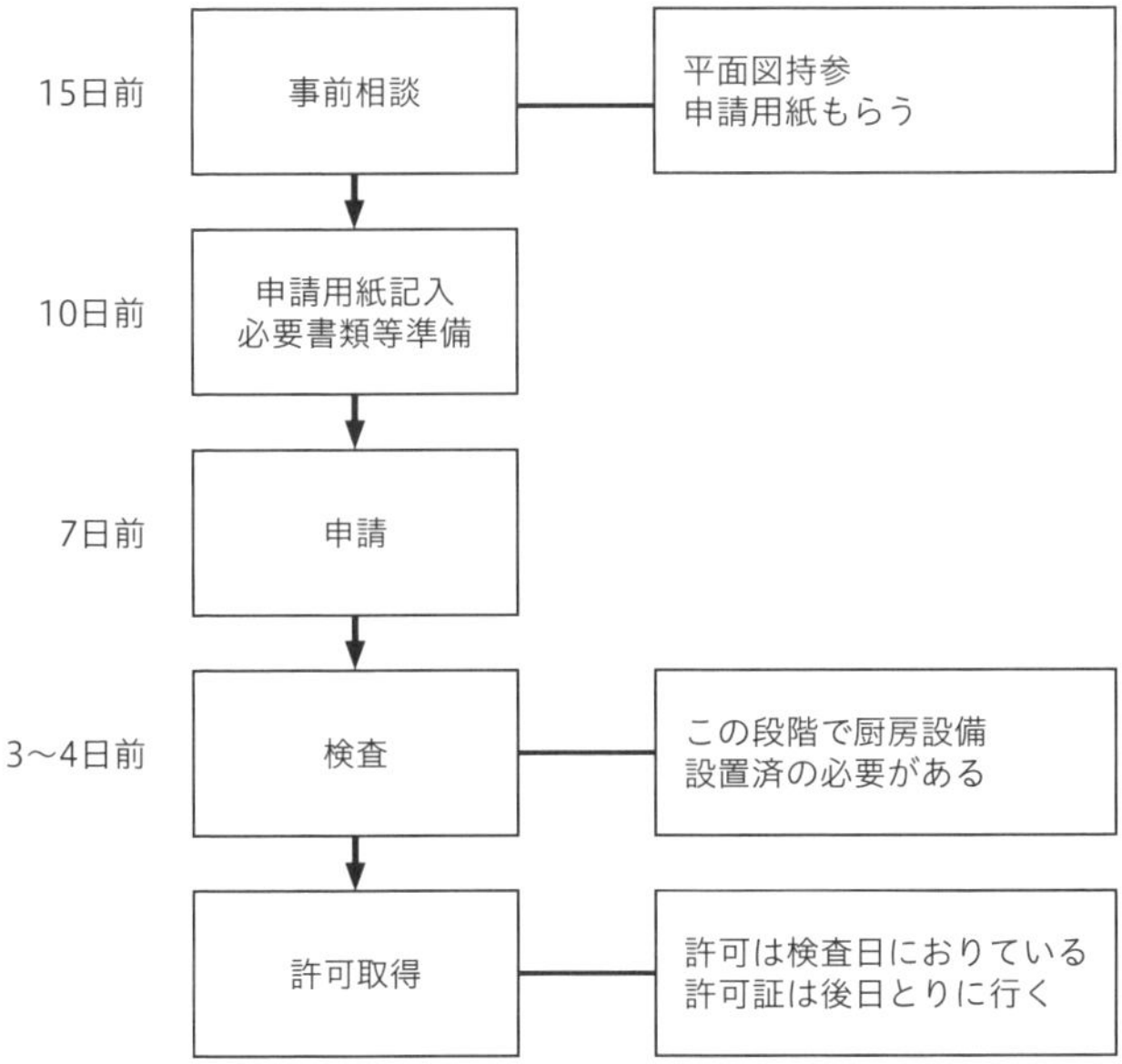

喫茶店営業には資格が必要

喫茶店を営業するためには、各店に1人の**食品衛生責任者**が必要になる。当然、その有資格者でなくてはならない。

①調理師
②栄養士
③製菓衛生師

のいずれかがある場合、それが食品衛生責任者の資格になる。それらがない場合は、**食品衛生責任者講習会**を受講する必要がある。講習は1日で、簡単なテストもある。

この講習は、

※食品衛生協会

が主催しており、そこに受講を申し込むということになる。詳細は保健所でも教えてもらえるので、問い合わせるといい。

この講習会は、いつも意外なほど混み合っている。したがって必要だという場合は、なるべく早く申し込みをし、受講しておいた方がいい。

深夜酒類提供飲食店

飲食店の営業許可を取った場合、深夜の営業が可能になる。ただし、深夜営業をするためには、中心となるメニューが主食となる物でなくてはならない。レストランとか食堂といった業態の場合がそれに当たる。そして、この場合、アルコールメニューの提供も全く問題はない。

しかし、居酒屋とかカフェバーの場合は、主食が中心メニューではない。この場合、深夜にアルコールを売る場合は、

※深夜酒類提供飲食店

の届出が必要になる。提出先は管轄の**警察署の生活安全課**になる。届出用の書類は警察で調達することになる。届出には、店の平面図、厨房客席等の求積図、照明器具の数と使用した電球等のワット数等のものが必要になる。

なお、これは営業許可を取得してからでなくては届出はできない。届け出した後、何の通知もない場合は届出は受理されたと考えていい。

警察に届け出る書類というのは、結構難しい部分がある。できれば、事前に相談に行き、

その上で届け出るようにするといい。なお、**深夜酒類提供飲食店**は、営業できないという地域がある。これも事前に確認しておく必要がある。

日本政策金融公庫について

これは、**旧国民金融公庫**のことで、国民金融公庫は国の機関だったが、現在のものは100%政府出資の特殊会社である。銀行、信用金庫等は、個人の新規開業設備資金の借入に、ほとんど首を縦に振ってもらえないが、公庫の方は条件さえ整えば借入ることが可能であると言っていい。条件は何なのかというと、

①最低3分の1は自己資本→自己資本比率は多いほど借入れられる確率は高くなる
②個人の信用に事故がないこと→クレジット・カード等の遅延、ローン等の遅延等
③創業計画がしっかりしていること
④消費者金融等からの借入がないこと

等で、さほど難しいものではない。借入るのは、国民生活事業の生活衛生融資である。なお、1,000万円程度までなら、無担保、無保証人で借入が可能である。金利だが、これはその時の公定歩合等で変化するが、無担保、無保証人の借入で2・5%前後になる。

これは銀行金利より低いと言える。借入のための手順だが、それは**別掲16**で、借入まで期間は最近早くなっているが、約1ヶ月と考えておけばいい。

リースについて

リースというのも一種の資金調達手段だといっていい。この言葉はかなり浸透している言葉なのだが、一般人には理解していない人が多い。リースというの設備等を借りて使用するというシステムである。そして、毎月支払うリース料は経費として計上できることになっている。

リースと混同されやすいものに、ローンというのがある。これは、設備等を購入して、それを月賦で支払うというシステムになる。したがって、ローンの場合、購入した設備等は、財産になり、定められた方法で減価償却していくというシステムになる。

これを詳しく述べるためには、膨大なページ数が必要なので、どちらが得なのかというう結論から述べると、リースの方が有利になる。したがって、ローンより、リースを採用した方がいい。

さて、リースだが、これは金額にもよるが、100万円を超えるような場合は保証人が

別掲16　日本政策金融公庫から借り入れする手順

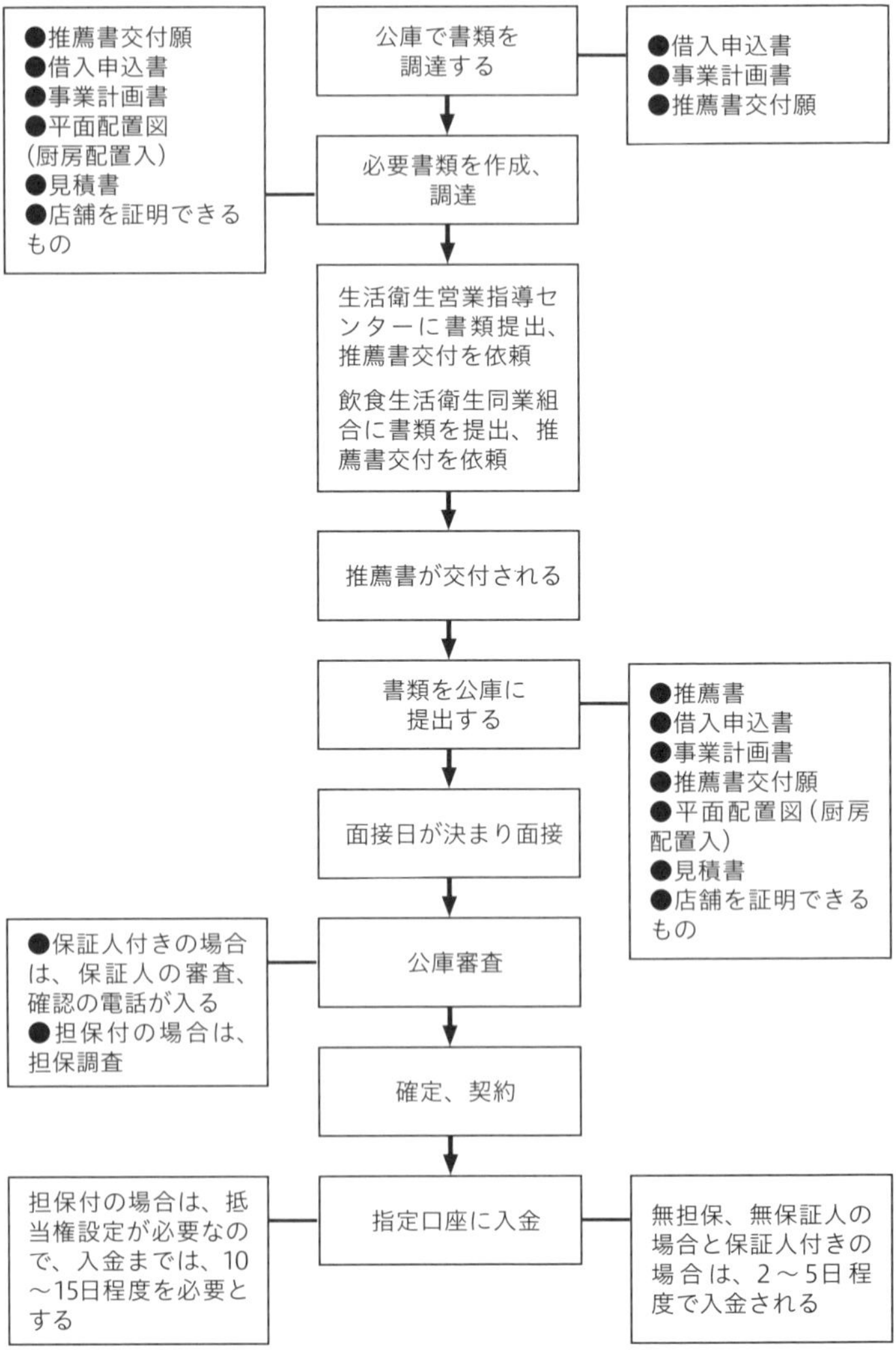

必要になる場合が多い。したがってリースを採用しようという場合は、あらかじめ保証人になってもらえる人を予定しておかなくてはならない。なお、リースの審査は10日前後を必要としている。

どんな金が、どの程度必要なのか

喫茶店を開業する場合、一体いくらの資金が必要なのか。必要な資金の内訳は**別掲17**である。金額については、店舗を受け取った時の状況で差が出ることは言うまでもない。したがって、これより低減される可能性もある。これにプラスして店舗の費用が必要になる。なお、厨房設備だが、特殊なものを設置する場合はその分を追加しなくてはならない。**別掲17**を見れば分かると思うが、規模が小さくなると、坪単価は高くなるのである。仮に8坪になった場合でも、10坪とほとんど同等の金額がかかると考えておく必要がある。

付帯設備だが、大型ビル、地下街、駅ビルといったところは、この工事が指定業者になっている場合がある。指定業者になっている場合は、業者は選べない。このような場合、通例としてはかなり割高になることを覚悟しなくてはならない。したがって指定業者か否かは、店舗を内見した段階で、確認しておかなくてはならない。

別掲17　喫茶店開業に必要な資金の項目

金額単位千円

項目	摘要	10坪前後	20坪前後	備考
店舗	保証金、敷金			
	礼金			
	工事期間家賃			
	手数料			
	合計			
建築費	内外装工事	3,500	6,000	撤去含む
	付帯設備工事 2次側	1,300	1,600	給排水、電気、ガス、 吸排気、防災等、 ダクト等
	家具(椅子、 テーブル)	600	1,000	
	什器 (据付家具)	800	1,200	サイド・ボード、 飾棚等
	照明器具	150	250	
	看板等	180	180	袖看板は別途、置看板、 サイン等
	合計	6,530	10,230	
機械設備費	厨房設備費	800	1,000	
	冷暖房	650	800	ビルにある場合不要
	レジ	50	50	
	音響	100	100	
	合計	1,600	1,950	
什器備品費	食器、備品等	300	500	
	調理道具	100	100	
	ユニフォーム	80	140	
	その他	200	300	
	合計	680	1,040	
開業費	求人	50	80	
	印刷	100	120	
	開業前人件費	300	500	
	電話	50	50	
	その他	200	300	
	合計	700	1,050	
設計	設計デザイン	500	500	
	工事管理料	0	0	内装工事の場合ほとんど不要
	合計	500	500	
合計		10,010	14,770	

さらに注意が必要なのは、厨房排気の件である。中には「厨房排気はテナント負担で屋上まで上げて欲しい」と要望された店舗もある。ビルが3階建程度ならいいが、8階建だということになると、屋上まで伸ばすダクトの設置費用は莫大な費用になるので注意がいる。

上手な借入

公庫等から借金するためには、上手な借入条件にする必要がある。その第一に挙げられるのが返済期間である。できれば、できるだけ長い期間にしておいた方がいい。なぜならば、短いと、返済のための**資金繰**に窮する可能性があるからだ。長くしておいて、余力ができたら、その分を中抜きで返済したらいい。公庫の場合、借入の額にもよるが500万円程度の借入で7年程度の期間は認めてくれるはずだ。次に**返済の据置期間**というのをとってもらうといい。据置期間というのは、返済を据置く期間のことで、公庫でもこれは考えてもらえる。

これなら、据置期間は金利のみの支払ということになる。通常6～12ヶ月の据置は可能だと言っていい。

公庫ではなく銀行等の場合も、返済期間と据置期間はとってもらえるはずなので交渉するとよい。また銀行等からの借入は、不動産等の担保を必要とするのが常識と言える。しかし、ここで注意しなくてはならないのは、不動産等は時価が担保価値になる訳ではないということである。不動産等は時価の80％程度がその価値で、その80％が担保価値になる。つまり、時価の64％が担保価値だということだ。

今は借り時

平成の中頃からは未曽有の低金利時代である。バブル以前の金利というのは年利8～9％だったが、今は公庫なら2・5％、銀行の場合で3・5～4％である。仮に500万の借金をした場合、公庫の金利なら、125,000円が年金利である。月にすれば、10,000円強にしかならない。しかもこれは、経費として認められるものである。ということは、利益が出れば税金をとられるのであるから、この金利はさらに安いことになる。

よく借入は怖いという人がいる。でも、それは高金利の借金をした時だけに言えることである。高利だと年利18％になる。90万円にもなる。このような借金は怖いとしか言いようがない。

さて、話は変わるが、借金があると、それを返さなくてはという気持ちが強くなる。実は、これが経営の意気込みにもつながっていくケースが多い。しかも、苦労しながらでも返済すれば、それだけ金が貯まったのと同じということになる。

もし、借入がない場合、返済金に相当する金が残せたであろうか。実はその分は何かに浪費してしまっている筈なのである。

店舗の仕上がりイメージは『パース』とか『鳥瞰図』で確認

設計計画において重要なことは、設計者に対し、必要事項をしっかり伝達する必要がある。

したがって、設計を依頼する前には**事業計画**ができていなくてはならない。そして、その計画を伝達して、設計計画を開始したい。

設計計画の手順は**別掲18**になるが、まず作ってもらうのが**平面図**で、1回目の平面図は検討のためのたたき台である。ここでしっかり検討しないと、何回も書き直しになるので注意がいる。次に注意しなくてはならないのは、図面だけで使用内装材を説明してもらっても、完成した時のイメージが湧かないということである。第一、内装材の知識が無いの

別掲18 設計計画の手順

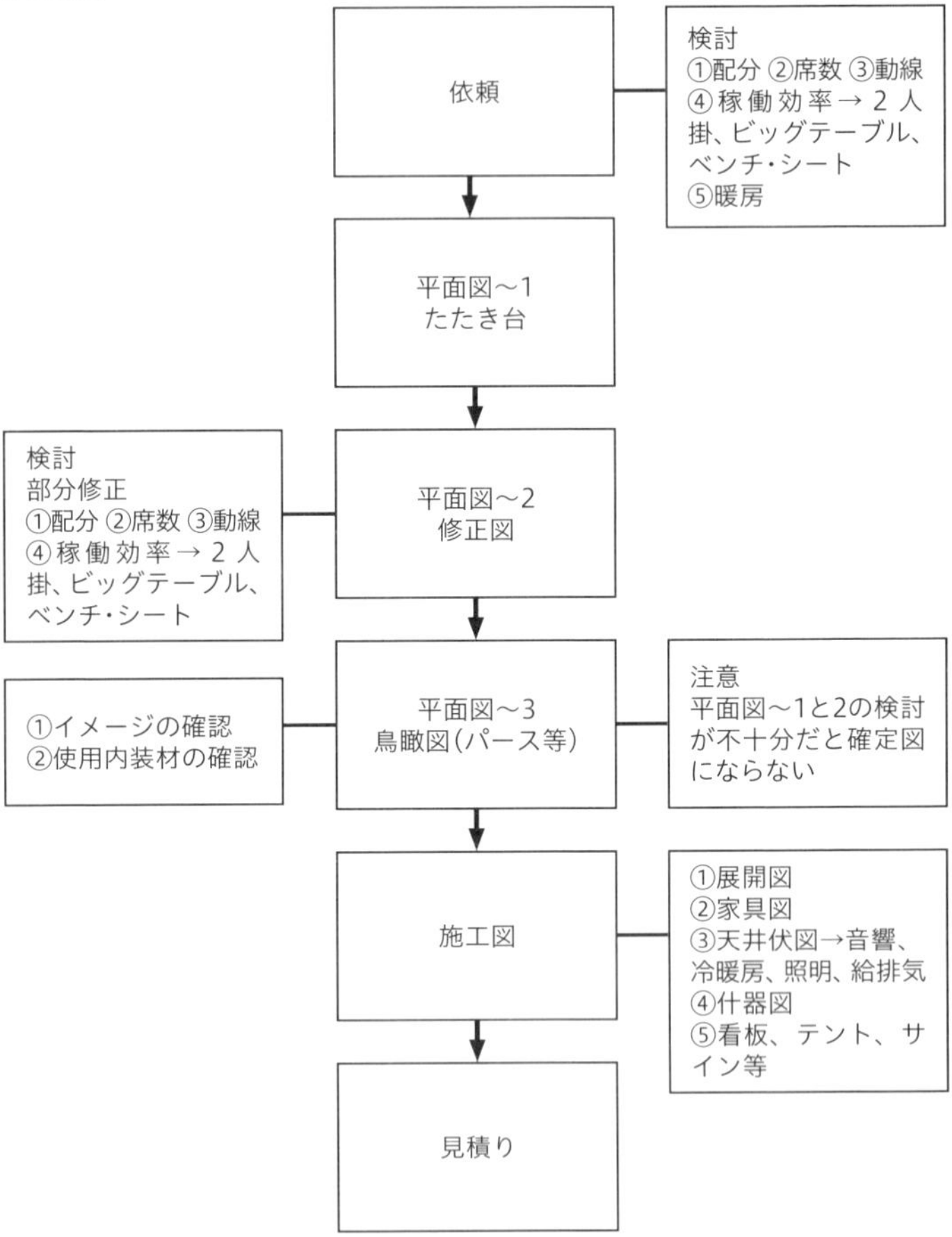

だからイメージが湧かなくて当然だと言っていい。

そこで作成してもらわなくてはならないのが、カラーパースである。これはでき上がりを絵にしたものである。

これを見て、使用材のサンプルを見せてもらえば、完成時のイメージはしっかりと掴めると言っていい。なお、よくあるのは平面図の段階で、工事費は大体でいいので、いくらかかるのかと聞いている例だが、その段階で**見積金額**は出ないと言っていい。

サービス過剰は厳禁

接客サービスは『均質化』が大事だということは194ページで述べた。そして、個人店に多く見られるのが、過剰型サービスである。例えば、
①歯の浮くような『おべっか』を言う
②よく来る客には増量してサービスする
③顧客だったので閉店時間を延ばす
よく見かけるサービスである。だが、このようなことが過剰サービスなのである。今、歯の浮くようなお世事を喜ぶ客はいない。

また、よく来る客には量を多くするといったことも芳しくない。客は見てないようでも見ているのである。当然、他の客と差があったということで嫉妬にも似た気持ちを抱く。これで、1人の客を失うことになる、もし女性客だったら『クチコミ』で10人の客を失うことになるので注意したい。

そんなサービスより、サービスの良し悪しには気づかないというようなサービスこそ、それがいいサービズなのである。

客からのクレームで多いもの

喫茶店を始めとする飲食店は、客からいろいろなクレームが付く。中には無理難題というものもあるが、クレームには対処しなくてはならない。では、一体どんなクレームが多いのかというと、最も多いのは、

①遅い↓日本人はせっかちである。したがって、ちょっと遅れている席には、ひと声かけて機先を制するといい

②半調理（ぬるい、火が通っていない）↓これは、ひとえに謝り、取り替える必要がある

③オーダーした物と違う↓これも謝って、すぐ取り替える必要がある

というものである。このようなクレームに対して、言い訳したりするのは厳禁である。すぐ謝るのが正しい対処だ。

つまり、言い訳したりするのは逃げの姿勢で、このようなことに逃げは許されない。そして中には、ウエイトレスでは対処できないことがある。このような場合は、すかさず店主とか責任者が対処したい。クレームの対処がいいと、その後、その客は店のファンになってくれたという例はいくらでもある。

〈付〉カフェ・喫茶店の経営を成功させ、持続させるために必要な『ものさし』

『ものさし数値』について

平成が終わり新元号に変わろうとしている今日においては、社会環境には様々な変化がおきている。特に大きな変化として挙げなくてはならないのが、

①店舗取得費↓保証金、敷金、礼金等

②家賃、管理費

の値上がりである。そして、次におきていることは、

※人手不足

による、人件費の上昇だ。もっとも人手不足というのは、今に始まったことではなく、飲食業では慢性的なものなのだが、ここにきての人手不足は結構深刻な状況である。でもカフェ系の店はまだましで、焼肉店とか大衆料飲店ではかなり深刻化しているようだ。このような経営環境が変化しているということは、カフェの『ものさし数値』にも多少の変化が生じるのが当然と言える。したがってこの書における『ものさし数値』はそれらを踏まえた数値になっている。

繁盛店の定義

いくら客で賑わっていても、また平均的以上の売上げがあっても、それだけでは繁盛店というわけにはいかない。例えば、安売りをしたために原料費がかかり過ぎていたり、その他の経費がかかり過ぎていたりして、赤字になっているという状況では、それは繁盛店というわけにはいかないのである。読者も目の当たりにしたことがあると思うが、繁盛していたのに撤退する店は結構多いのである。このような店は繁盛していても赤字だった店なのだ。

つまり、本当の繁盛店というのは、利益が計上できている店を示すのだということをしっかり認識しておかなくてはならない。

そこで必要になるのが、経営上の『ものさし数値』である。私が既存の成績不振店の分析で『ものさし数字』を示すと、中にはその数値の達成は難しいとか無理だと言う経営者が結構いる。

しかし、それを達成できている店は数多いのだから、難しいとか無理だと言っていたのでは、真の繁盛店にはなれないのである。どうやったらその数値が達成できるのかを考え、そしてそれを達成すべき努力する、これが経営なのである。実は利益が出せるのに出せていない店は結構な数で存在する。実にもったいない話だと言わざるを得ない。

利益の出る体質

利益を計上するために必要なことは、経費の体質が良くなくてはならない。よくあるのは、利益を計上するためには、売上げを増加させなくてはならないという理論だが、これはその通りには違いないのだが、実はあまり正しいとは言えないのである。なぜならば、売上げが増加しても経費の体質が悪い場合、その体質はついてきてしまうからである。そこでまず知らなくてはならないのが、どの程度の売上げがあればいいのかということである。この数値の『ものさし』として使用するのが、

①使用総資本回転数
②対売上家賃比率

である。まず、**使用総資本**だが、これは**別掲19**で、開業にかかった資本全てのこと。計算は**別掲20**おこない、その『ものさし数値』は**別掲21**だ。

次に家賃比率だが、かってから言われているのは対売上げ10％。これからの数値として

は12〜13%前後で考えておく必要がある。ということは、家賃の約8倍前後が必要売上高の『ものさし数字』になる。仮に坪当たりの家賃が2万円なら、必要売上高は、16万円／坪／月間ということになるわけである。そして、この売上げを達成している場合、体質は**別掲21**にならなくてはならないということなのである。

経費の『要』は『最重要経費率』

経費の要になるのがこの、最重要経費率である。これは、

※原料費＋人件費

の売上高に対する比率で、この『ものさし数値』は58%前後にならなくてはならない（**別掲22**）。

つまり、この2つの数値は経費の60%近くを占めるものなので、もっとも要になるものと考えならなくてはならないと言える。もしこれがオーバーしているようなら、まず利益は出ないといっていい。したがって、オーバーしているなら、なんとかして下げなくてはならない。しかしここで間違ってはならないのは、原料費については、ただ材料の質を落としたり、ボリュームを下げたりといったことを行ってはならないということである。

次に人件費だが、これもサービスに不備が出るような下げ方をしてはならないと言える。もしそのような安易な方法をとれば、当然、客の納得度は得られず、結果、客数を減らし、売上げを減少させることにつながるので十分注意しなくてはならない。

人件費の『ものさし』は労働分配率

労働分配率とは、粗利益に対する人件費の割合で、計算は**別掲23**でする。そしてその『ものさし数値』は**別掲24**になる。この数値を達成するためには、人件費は多角度から検討を与えなくてはならない。そのためには、やらなくてはならないものの第一は勤務シフトの充実だ。プラスして必要なのは、時間別の売上げである。**時間別売上高**を分析検討すると、時間帯別の必要人員ははっきりするはずである。結構必要のない時間に人員を抱えている例は多いので注意がいる。また、時間別売上高という資料があれば、無駄な営業時間もはっきりするし、もっと力を入れなくてはならない時間もはっきりするはずである。そして、それを改善すれば、それが人経費削減にもつながっていくのである。

労働生産性とは

労働生産性とは、1人当たりが稼ぎだす粗利益高のことある。計算は**別掲25**でおこない、『ものさし数値』は、
※5,000円前後/月間
になる。当然、生産性を向上させれば、収益性も向上することになる。

諸経費は4分類して計上すると判断しやすい

諸経費というのは、
※原料費、人件費、家賃、減価償却費、金利等
を除くもろもろの経費で、**別掲26**がそれに当たる。合計では10%前後が『ものさし』となるが、判断をより的確におこなうには、これを性格別に4分類して判断すると、より的確な判断が可能になる。そして4分類したのが**別掲27**で、それぞれの『ものさし』は**別掲28**です。このようにしておけば、どこを改善すべきかは的確な判断ができることになる。

売上推移の『ものさし』

売上高というのは、一定の金額を維持していけばいいのか。この答えは否だと言わなくてはならない。今後インフレが予想される今日では物価指数は上がっていく。加えて従業員は定着すれば、人件費は上がっていくからである。

では、どの程度の推移になればいいのかというと、その『ものさし』にするのが、**対前年同月売上比**で、計算は**別掲29**になり、「ものさし」の数値は**別掲30**になる。当然どこかで伸びはとまる可能性はあるのだが対前年で、

※102〜103

ずっと必要である。102〜103というのは数字的には伸びているのであるが、これで横這いだと考えなくてはならない。

……以上、経営の『ものさし』をいろいろ挙げてきたが、当然『ものさし』はこれにとどまるものではないのだが、ここに挙げた数値が達成できていれば、他の『ものさし数値』も達成できていると言える。

真の繁盛店を作り、持続性の高い経営をしていただきたいと願っている。

別掲19　開業にかかる資本全て＝使用総資本

項目	摘要
店舗取得費	敷金、礼金、手数料、等
内外装費	内装、外装、サイン、家具、照明器具等
付帯設備費	給排水、給排気、ガス、電気、消火、防火等
機械設備費	厨房、冷暖房、
什器備品	食器、調理道具、サービス用具、清掃用具、レジ回り備品等
開業経費	開業前家賃、開業前人件費、開業前諸経費等

別掲20　使用総資本回転数の計算式

$$使用総資本回転数=\frac{使用総資本}{年間売上高}$$

別掲21　使用総資本回転数の業態別「ものさし数値」

業態	10坪	20坪
カフェ（喫茶店）	1.5前後	1.3前後
カフェ（食事メニュー充実型）	1.7前後	1.5前後
カフェ・バー	1.5前後	1.3前後

別掲22「原料費＋人件費」が経費の要

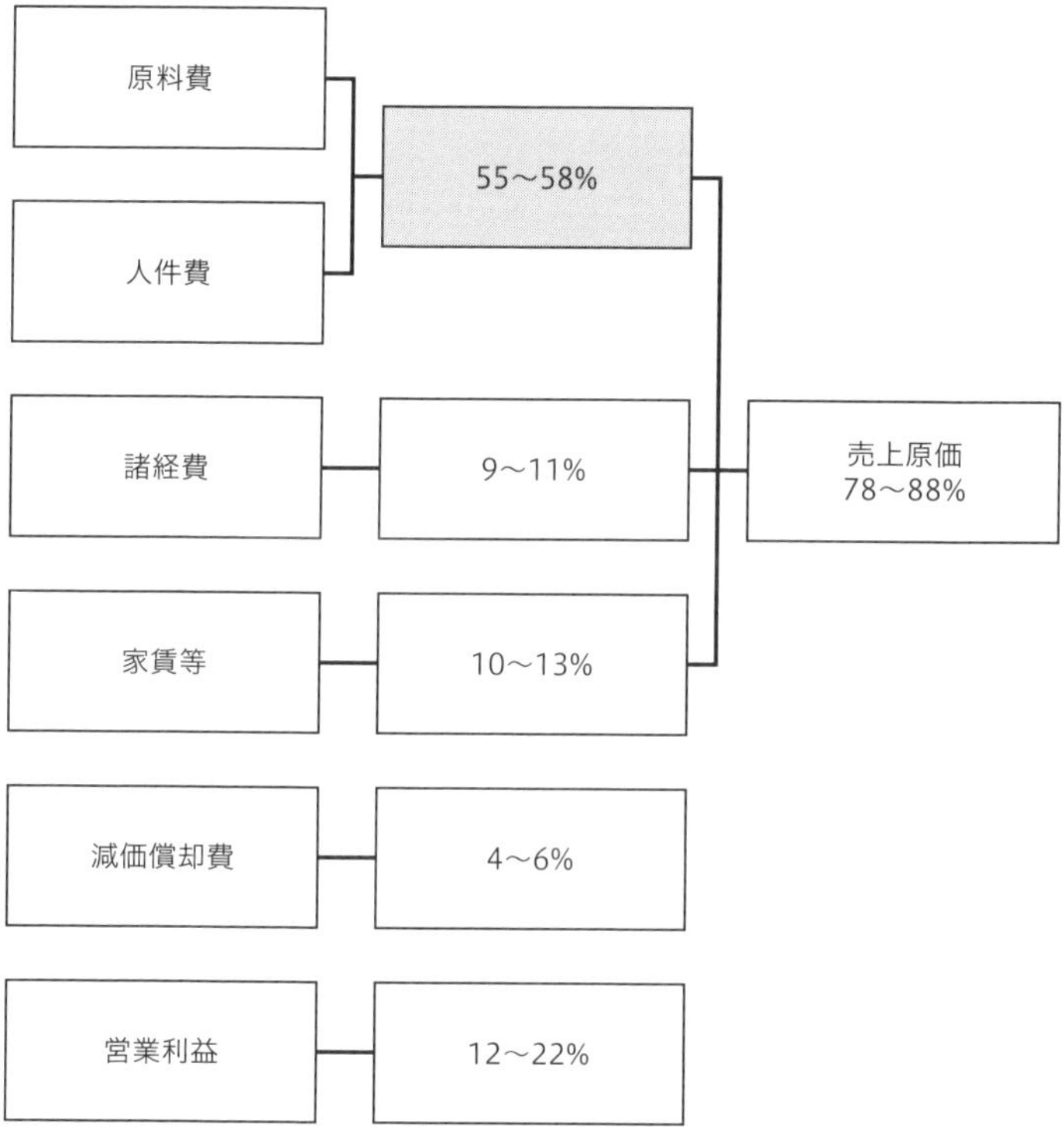

別掲23 労働分配率の計算式

$$労働分配率 = \frac{人件費}{粗利益高} \times 100$$

※（粗利益高=売上高−原料費）

別掲24 労働分配率の業態別の「ものさし」

業態	労働分配率	備考
カフェ（喫茶店）	45%	原料費率22〜23%
カフェ（食事メニュー充実型）	40%	原料費率29〜30%
カフェ・バー	45%	原料費率22〜23%

別掲25 労働生産性の計算式

$$労働生産性 = \frac{粗利益高}{労働人員} \times 100$$

※（粗利益高=売上高−原料費）
※労働人員１人=８時間勤務

別掲26 諸経費の内容

諸経費科目	諸経費科目	諸経費科目
水道光熱費	事務用品費	保険料
冷暖房費	宣伝広告費	公租公課
燃料費	接待交際費	研究費
消耗品費	諸会費	サービス費
消耗美品費	旅費交通費	雑費
修繕費	通信費	

別掲27 諸経費を4つに分類

分類	諸経費科目	摘要
分類Ⅰ	水道光熱費	管理可能費
	冷暖房費	
	燃料費	
分類Ⅱ	消耗品費	管理可能費
	消耗美品費	
	修繕費	
	事務用品費	
分類Ⅲ	宣伝広告費	Ⅰ、Ⅱとは異なり、かけていく費用w
	接待交際費	
	諸会費	
分類Ⅳ	旅費交通費	どちらかというと管理不可能費だが、個々には管理できるものもある
	通信費	
	保険料	
	公租公課	
	研究費	
	サービス費	
	雑費	

別掲28 分類別の諸経費の「ものさし」

分類	対売上比率
分類Ⅰ	2％前後
分類Ⅱ	2％前後
分類Ⅲ	2％前後
分類Ⅳ	2％前後
合計	9～11％

別掲29 対前年同月売上比の計算式

$$\text{対前年同月売上高} = \frac{\text{当年同月売上高}}{\text{前年同月売上高}} \times 100$$

別掲30 対前年同月売上比の「ものさし」

年度	推移
初年度～2年度	120～130
2～3	110～120
3～4	108～110
4～5	106～105
5～6	104前後

カフェ(喫茶)に必要な許可、資格、届出

項目	摘要	特筆事項
飲食店 営業許可	店舗の住所 を管轄する 保健所	・許可の種類は、喫茶店、飲食店があるが、喫茶店では軽食、酒類(ビール、ワイン、和洋酒等)は売れないので取得するのは飲食店営業許可 ・和洋菓子、パン等を自店で作り展内で販売するのは飲食店許可でできるが、それをテークアウトさせる場合は菓子製造業許可が必要 ・図面を持参事前相談をした方がいい
深夜酒類 提供飲食店 届出	店舗の住所 を管轄する 警察署の 生活安全課、 保安係	・レストラン等食事店の場合は届出は不要 ・カフェの場合で、酒類がメニューにあり、深夜営業もする場合、届出が必要になる ・事前相談に行った方がいい
食品衛生 責任者	営業する ための 条件で各店 に1人必要	・調理師、栄養士、製菓衛生士等の資格があれば、それがそのまま資格になる ・食品衛生責任者の資格は講習を受講すれば取得できる ・講習の問合わせは食品衛生協会または保健所
防火責任者	各店に １人必要	・席数30席未満は不要 ・資格は甲種、乙種があり、300㎡以下は乙種、超える場合は甲種が必要 ・資格は講習を受講すれば取得できる ・乙種１日、甲種２日 ・講習問合せは消防署
開業届	管轄税務署	・開業してから1ヶ月以内

項目	摘要	特筆事項
給与支払 事務所等の 開設届	管轄税務署	・給与支払い対象者が1人でもいれば提出が必要・提出は給与を支払ことになってから１ヶ月以内に提出
源泉所得税の 納期の特例の 承認に関する 申請	管轄税務署	・給与支払事務所等の開設届を出し、給与を支払う場合、所得税の源泉徴収が必要で徴収した税は翌月10日までに納める必要がある ・この届を出して承認されれば、1月から6月の税は7月10日、7月から12月の税は1月20までに納めればいい・申請できるのは、10人未満の小型事業所
青色申告 承認申請	管轄税務署	・これを提出するといろいろな特典が受けられる ・開業届と同時に提出するといい
消費税課税 事業者届出書	管轄税務署	・前々年の売上高が1,000万円を超えた場合届出必要 ・届と同時に計算方法を選択しなくてはならない ・提出時詳しい説明を受けるといい

〜終わりに〜

これからの喫茶店・カフェ経営は、中高年者に有利

喫茶店・カフェは、流行やファッションの影響を受けやすい飲食店である。だから、流行やファッションが変わると、新しいカフェや喫茶店が誕生し、新しいメニューも取り入れられる。

こうした流行・ファッションに敏感であることは、カフェ・喫茶店に重要であることは、言うまでもないことである。ただ、本書の主題にしたように、流行やファッションにばかり注視したのでは、カフェ・喫茶店を経営し続けることは難しいのである。喫茶店・カフェがいつの時代も親しまれ、幅広い世代に利用され続けてきた「商売の本質」を忘れてはならないのだ。

喫茶店・カフェを長く続ける店が少ないのは、実は、喫茶店・カフェの魅力の核心を押さえながら、流行やファッションの要素も取り入れていくという、そのバランス経営の難

しさにあると言えるだろう。

また、本書で解説したように、昭和50年代以降に増えた喫茶店のスタイルが見直されて人気を呼んだり、かつての喫茶店メニューの人気が復刻したり、カフェ・喫茶店は新しいスタイルだけが評判を呼ぶのではなく、懐かしい形態でも現代風にすることで若い客層にも支持されるのである。

その意味で、昭和の時代に学生時代を過ごし、その時代の喫茶店・カフェをよく利用した中高年の人たちは、古いスタイルの喫茶店・カフェも知り、現代に多いカフェのスタイルも知っているので、魅力的な喫茶店・カフェの店づくりができるのではないだろうか。

これからは、高齢化社会からさらに超高齢化社会に日本は突入すると言われている。中高年の人が開業する喫茶店・カフェが増える傾向は、すでに見られているが、さらに中高年の経営者ならではの喫茶店・カフェがいろいろ誕生してくることでだろう。そして、高齢化社会に潤いを与える飲食店として、喫茶店・カフェがますます展開されることを期待している。

著者プロフィール

赤土亮二（あかど　りょうじ）

飲食開業経営支援センター
チーフ・コンサルタント

「初心者の人でも飲食店で必ず成功させる」をモットーに、独立・開業のための支援と指導を行う。また、儲かる飲食店づくりのコンサルタントを行う。

店舗開発、立地調査、店舗デザイン、メニュー作り、接客サービスの指導、計数管理など、こまやかな経営指導を信条としている。

著書に「50歳からはじめるカフェ経営」、「儲けが出せる！金が回る！威力の飲食店経営」、「これから儲かる飲食店の新・開店出店教科書」、「儲かる居酒屋系飲食店繁盛開業法」、「飲食店の接客サービス完全マニュアルBOOK」（以上、旭屋出版刊）ほか、60冊以上の著書がある。

飲食開業経営支援センター
http://kaigyoshien.com
電話03-6433-3121

喫茶店と日本人

発行日　2019年3月22日　初版発行

著　者　赤土亮二《あかど りょうじ》
発行人　早嶋　茂
発行所　株式会社旭屋出版
〒160-0005
東京都新宿区愛住町23-2 ベルックス新宿ビルII 6階
電話　03-5369-6423(販売)
03-5369-6424(編集)
FAX　03-5369-6431(販売)
旭屋出版ホームページ　http://www.asahiya-jp.com

郵便振替　00150-1-19572

●編集　井上久尚
●デザイン　冨川幸雄(スタジオフリーウエイ)

印刷・製本　株式会社シナノ

ISBN978-4-7511-1375-2　C2077